Now, Storytelling

Now, Storytelling

지은이 신동일
펴낸이 **안용백**
펴낸곳 (주)도서출판 넥서스

초판 1쇄 발행 2010년 1월 25일
초판 2쇄 발행 2010년 1월 30일

출판신고 1992년 4월 3일 제311-2002-2호
121-840 서울시 마포구 서교동 394-2
Tel (02)330-5500 Fax (02)330-5555

ISBN 978-89-6000-773-4 93740

www.nexusbook.com

Now, Storytelling

스토리텔링

신동일 지음

넥서스

Preface

<u>이 책은 스토리텔링 공부법을 다루고 있다. 많은 사람들이 영어 말하기 공부라고 하면 영어 회화나 발표와 토론을 떠올린다. 정말 중요한 영어 말하기 공부법이 한국에서 본격적으로 소개되지 않았다. '스토리를 텔링 하는 연습'은 영어 말하기 시험, 발표와 토론에도 반드시 필요한 공부법 이다.</u>

거짓 유창성
바이러스의 백신은
스토리텔링
이다

이해를 돕기 위해 축구 이야기를 해 보겠다. 축구경기를 보면 별다른 작전이 없는 팀을 볼 때가 있다. 그저 수비수들이 기습적으로 최전방 공격수에게 공을 뻥 찬다. 당연히 득점 성공률은 낮을 수밖에 없다. 훌륭한 감독이 이런 팀을 맡게 된다면 침착하게 공격의 실마리를 찾는 연습부터 할 것이다.

이렇게 미드 필더 없는 축구경기를 영어 말하기 교육에서도 자주 볼 수 있다. 초급 수준에서 어휘를 외우고 구문을 배운 후, 중급 수준에서는 문장을 구성하면서 일상 소재로 대화를 나눌 수 있게 된다. 그러다 갑자기 CNN을 공부하고 영자 신문을 읽으며 최상급 수준의 토론식 말하기 연습을 시작한다. 자신의 수비 진영에서 공을 톡톡 차는 연습을 하다가 갑자기 상대편 골문을 향해 공을 뻥 차려고 하는 경우와 같다. 좀 더 길게 패스하는 연습, 차분히 상대편 골문으로 진입하는 연습이 필요하다.

미드 필더를 활용한 축구가 바로 상급 영어라고 생각하면 된다. 중급과 최상급 중간에 위치한 상급 수준의 영어 말하기는 자신의 일상과 경험을 스토리로 전달할 수 있는 수준이다. 사람과 상황을 자세히 묘사할 수 있고, 과거의 사건을 서술하고, 처음부터 끝까지 본인이 말하고 싶은 것을 길게 말할 수 있다. 영어 말하기 시험을 보면 자신의 에피소드를 말하거나 나열된 그림을 보고 이야기로 전달하는 문제가 자주 출제된다. 상급 수준의 'long-run talk 연습'을 할 수 있는지 평가하는 것인데 채점을 해보면 한국 학생들이 유난히 취약하다.

묵직한 주제에 대해 서로의 의견을 말하며 토론하고, 낯선 상황에서 문제를 해결할 수 있는 말하기 능력을 누구나 갖고 싶어 한다. 하지만 상급 수준에서 요구하는 스토리텔링 기술을 배우지 않고 갑자기 능수능란한 발표자나 토론자가 될 수 없다. 그것은 수비수가 최전방 공격수에게 뻥 찬 공이 어쩌다 골로 연결될 가능성보다도 낮다.

무모한 뻥 차기 축구와 달리 자신의 수비 진영에서 짧은 패스만 주고받는 선수들도 있다. 공격은 하지 않고 패스 연습만 하는 것도 참 답답하다. 영어 말하기를 공부할 때 그저 원어민 선생님이 가르치는 회화 학원에서 묻는 말에 응답만 하면서, 표현과 어휘 연습만 반복하는 것은 수비 진영에서 패스만 주고받는 축구선수의 모습과 닮았다. 짧게 끊어지는 대화 연습을 그만하고 자신의 이야기를 스토리로 길게 말할 수 있는 연습을 해야 한다. 중급 수준이면 상급으로 진입할 준비를 해야 한다. 최상급 수준으로 앞서가는 것도 문제지만, 만년 중급 수준의 공부만 반복하는 것도 정말 지루하다. 그럼 이제 이 책에서 중·상급 수준으로 진입하기 위한 영어 말하기 연습인 스토리텔링 공부법에 대해 이야기해 보자.

신동일

How to Use

이 책은 기본적으로 영어 말하기를 잘하고 싶은 초급, 중급 학습자들을
위해 만들었다. 대학생 때부터, 아니 초·중등 학생일 때부터 영어 말하
기를 공부했는데 여전히 기본적인 회화 정도만 가능한 만년 초·중급자
라면 분명 이 책을 봐야 할 대상이다.

스토리텔링, 이 책은 누가 읽어야 하는가

한국에서 영어 말하기 공부를 한다고 하면 대부분 구문이나 어휘 중심의 원어민 회화, 전화 영어, CNN에 나오는 거창한 주제를 발표하고 토론하는 연습을 위주로 한다. 너무 쉽고 지루하거나, 나와 상관 없는 너무 어려운 학습법이다. 이 책에 나오는 스토리텔링은 쉬우면서도 설득력이 있고, 감성적이면서도 논리적인 말하기 공부법이다.

이 책을 우선 대학생과 직장인에게 추천한다. 어학 연수나 영어 몰입 교육을 받을 기회는 없지만, 바쁜 시간을 내어 회화 학원에 등록하거나, 전화 영어를 하면서 영어 말하기 실력을 향상시켜야 하고, 적어도 회화책이나 동영상 강의로 영어 말하기를 공부해야 하는 모든 이에게 이 책을 추천한다. 이미 이런저런 영어 말하기 연습을 경험하면서 혼자 공부하는 것이 얼마나 지루하고, 원어민 회화 수업이나 전화 영어가 생각보다 큰 도움이 되지 않는다는 것을 잘 알 것이다. 시간과 돈을 투자하는 것에 비해 성과가 높지 않다.

그렇다면 다른 방법이 없을까? 원어민 선생님이 없어도, 혼자 혹은 소그룹으로 영어 말하기를 효율적으로 연습할 수 있는 방법은 없을까? 주고받는

인터뷰식 영어 회화가 아닌 스스로 문장을 길게 말할 수 있는 공부법이 없을까? 이 책에 나온 스토리텔링 공부법을 학교와 직장에서 적용하라. 스토리텔링 수첩, 스토리텔링 클럽, 코칭을 위한 진단표를 활용해서 지금과 전혀 다른 영어 말하기 공부를 시작할 수 있다.

최근 큰 관심을 모으고 있는 OPIc 말하기 시험을 준비한다면, 이 책에서 소개하는 공부법으로 소 그룹 스터디를 운영하기를 바란다. 시험에 나오는 구문과 표현을 혼자서 끙끙대고 암기하거나 학원에서 몇 개월 동안 원어민 회화 수업을 받는 것보다 훨씬 효율적이다. 특히 OPIc는 스토리 기반의 말하기를 강조하는 시험이기 때문에 이 책에서 제시하는 공부법이 큰 도움이 된다.

OPIc뿐만 아니라 대부분의 말하기 시험, 인터뷰, 경시 대회에서도 자신과 주변의 스토리를 영어로 말해야 한다. 스토리를 잘 전달하지 못하면 시험에서 중·상급으로 절대로 진입하지 못한다. 나는 영어 말하기 시험을 개발하고, 프로그램을 운영했기 때문에 이 점에 대해서 자신 있게 말할 수 있다.

자녀나 학생들에게 스토리 기반의 영어 말하기를 연습시키고 싶은 교사와 학부모에게도 이 책을 추천한다. 이 책에서는 스토리텔링 클럽을 직접 운영할 수 있도록 구체적인 지침을 제시하고 있다. 스토리를 통해 영어 읽기, 듣기 활동을 이미 하고 있다면 스토리텔링 영어 말하기 공부법을 적용해보면 어떨까? 학원에 다니지 않고 애니메이션 영화나 스토리 북을 통해 혼자 영어 공부를 잘하고 있는 학생도 많다. 원어민 선생님에게 영어 과외를 받을 수 없고, 영어 학원에 다니자니 지금까지 해오던 스토리 중심의 공부 습관을 바꿔야 할 것이 고민이라면 스토리텔링 영어 말하기 공부법을 추천한다.

How to Use

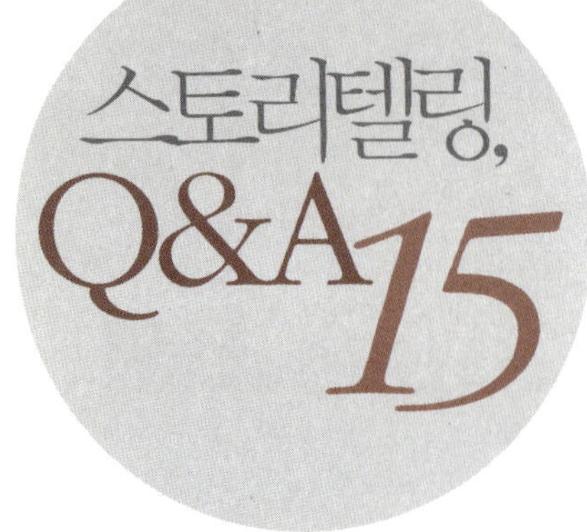

학교와 기업에서 스토리텔링 영어 말하기를 가르칠 때마다 듣는 단골 질문들이다. 그 질문들을 모아서 짧게나마 답을 정리하였다. 본문에서 좀 더 구체적인 답변을 찾아보자.

Q1 거짓 유창성(superficial fluency)이 무엇인가요?

남들 앞에서는 멋진 발음, 세련된 표현으로 유창한 영어를 구사하는 듯하나 실제로는 말하고 싶은 이야기를 길게 편한 마음으로 제대로 전하지 못하는 것을 말합니다. 영어 말하기 학습에 대한 정보가 부족한 분들이 거짓 영어에 현혹됩니다. 영어 말하기 학습의 가장 중요한 목적은 정보를 전달하고, 이야기를 서술하고, 의견을 표현하는 것입니다. 그렇다면 발음, 어휘, 문장 단위로만 학습하면 안 됩니다. 원어민 선생님과의 대화만을 강조하는 회화 수업, 인터뷰 방식으로 영어 말하기를 평가하는 시험장, 주고받는 대화와 관련 어휘만 나열하고 있는 회화 교재에서 '거짓 유창성'을 발견할 수 있습니다.

Q2 진짜 영어 말하기는 어떻게 공부해야 하나요?

스토리텔링 말하기 공부법을 제안합니다. 만년 중급의 말하기 수준에서 벗어나지 못한다면, 반드시 스토리텔링으로 'long-run talk 연습'을 시작해야 합니다.

Q3 스토리텔링 말하기가 무엇인가요?

영어 말하기의 방식은 다양합니다. 대화, 발표, 토론, 협상 등 여러 가지 말하기 활동 중에서 일상에서 가장 빈번하게 우리가 읽고, 듣고, 보고, 말하는 것이 바로 스토리입니다. 스토리에는 어떤 인물이 등장하고 사건이 일어나며 등장인물이 위기나 갈등을 해결합니다. 등장인물의 감정 상태도 비교적 뚜렷하게 표현되어 있습니다.

Q4 | 처음 스토리텔링을 공부하겠다고 결심했다면, 어떻게 시작해야 하나요?

우선 스토리 뱅크를 만듭니다. 스토리 수첩에 자신만의 스토리 소재를 정리하는 것입니다. 좋아하는 책, 영화, TV 드라마, 슬프고 기쁜 여러 가지 자신의 경험, 심지어 우리들이 흔히 잘 알고 있는 동화 등에서 소재를 얻을 수 있습니다. 흥미롭고 적절한 이야기를 기억하고 말해야 할 때 사용할 수 있어야 스토리텔링 연습을 할 수 있습니다. 대부분의 학습자들이 영어 문장을 꽤 잘 만드는 수준이더라도 자신의 이야기가 없어서 말하기를 하지 못하는 경우를 실제로 많이 봅니다.

Q5 | 스토리 소재는 충분합니다. 그 다음에 무엇을 해야 하나요?

우선 스토리 뱅크에서 스토리를 하나 정하세요. 예를 들어 가장 좋아하는 영화 이야기를 말해봅시다. 혼자서 5분 동안 녹음기에 반드시 자신의 스토리텔링을 녹음하세요. 녹음할 때 마음에 들지 않는다고 절대로 다시 하면 안 됩니다. 일단 시작하면 꼭 끝까지 마쳐야 합니다.

Q6 | 정말 무작정 혼자 말해도 되나요? 발음이 나쁘거나 문법이 틀려도 괜찮은가요?

무작정 말하는 것이 아닙니다. 자신이 가장 좋아하는 영화 이야기를 영어로 편하게 말해보세요. 5분 동안 그 영화 내용만 말해야 합니다. 엉뚱하게 이런저런 이야기로 삼천포로 빠지면 안 됩니다. 그리고 발음과 문법에 신경 쓰기보다는 내용에 집중해야 합니다. 기억하세요. 말하기는 흘러가는 물처럼 끊어지면 안 됩니다.

Q7 | 혼자서는 잘 안 됩니다. 다른 곳에서 도움을 받을 수는 없을까요?

소 그룹 활동을 제안합니다. 본문에 스토리텔링 클럽에 대해 설명했습니다. 서로 돌아가며 일어서서 스토리텔링을 연습하고, 함께 코칭을 하면 더 빨리 스토리텔링을 익힐 수 있습니다. 저도 스토리텔링 클럽 운영에 도움을 줄 수 있습니다.

How to Use

Q8 | **낯을 가리는 성격이라 혼자서 연습하는 것은 어떤가요?**

혼자서 기본 연습을 할 수 있습니다. 하지만 중급을 뛰어넘기 위해서는 나의 스토리를 들어줄 수 있는 '듣는 귀'의 역할이 반드시 필요합니다. 스토리텔링 클럽에 참여하세요. 어색해도 함께 모여서 말하고, 동료와 녹음을 해주고, 함께 전사와 모니터링을 하면 서로 신뢰가 생깁니다. 청중이 있으면 긴장도 되고, 실제 말하기 연습에 도움이 됩니다.

Q9 | **친구들과 같이 연습을 해보려고 하는데 모두 중급 수준인데 도움이 될까요?**

예. 말하기 수준이 중급이라고 해도 듣는 귀나 보는 눈은 고급의 역할을 할 수 있습니다. 중급의 영어를 중급이 청취할 수 있거나 전사된 문장을 이해할 수 있다면 스토리가 완성되었는지, 스토리가 재미있는지, 스토리텔링의 구성 요인들을 충족시킬 수 있는지 서로 얼마든지 토론할 수 있습니다. 이러한 토론을 통해 자기주도적인 영어 말하기 학습을 할 수 있습니다.

Q10 | **이 책은 중급 영어 실력을 가진 사람만 보는 책인가요?**

그렇지 않습니다. 말을 배우는 누구나 스토리텔링을 연습해야 합니다. 본문에도 언급한 것처럼 초급이든 중급이든, 단어나 문장의 나열이든, 누구나 물처럼 흘러가는 스토리텔링을 해봐야 소소한 말하는 재미를 느끼게 됩니다.

Q11 | **스토리텔링 학습법으로 얼마나 공부해야 실력이 늘까요?**

제 경험으로는 초등학생이나 대학생이나 50시간만 학습해도 영어 말하기에 대한 태도가 바뀌고 최소한 이야기를 마무리하는 능력, 스토리의 기본 요소를 갖추는 구성력이 달라집니다. 30시간만 학습해도 말하기 샘플의 모양이 변화하는 것을 느낄 수 있습니다. 1년 동안, 일주일에 두 번씩 스토리텔링 클럽에 참여해보세요.

Q12 정말 실력이 향상될까요?

장담합니다. 영어 발음과 어휘 사용 능력은 쉽게 늘지 않습니다. 하지만 이야기를 흘러가도록 완성하는 것은 정상적인 모국어 언어 활동을 하는 사람이라면 누구나 배울 수 있습니다.

Q13 다른 곳에서도 이러한 공부법을 사용하나요?

저는 국가 프로젝트, 기업의 영어 교육 콘텐츠 개발, 학교의 영어 말하기 수업을 통해 스토리텔링 공부법을 가르쳤습니다. 그리고 어디에서나 좋은 평가를 받았습니다. 미국을 포함한 교육 선진국에서는 스토리를 읽고 말해보는 것, 자신의 경험을 스토리텔링하는 것이 아주 중요한 교육 내용 중의 하나입니다.

Q14 이 공부를 하는데 하루에 얼마 정도 투자해야 할까요?

일주일에 2-3회. 1회마다 반드시 본인이 누구의 도움 없이 처음부터 끝까지 5분 이상 스토리텔링을 해야 합니다. 동료 코칭을 받으며 1년을 해보세요.

Q15 이 공부법은 어른들도 할 수 있나요? 저는 학부모인데 아이들과 공부해보고 싶어요.

스토리텔링 학습의 가장 큰 장점은 비원어민, 초·중급 학습자들도 서로 모니터링할 수 있다는 것입니다. 원어민 선생님만이 자녀의 영어 말하기를 진단할 수 있다고 생각하지 마세요. 본문을 꼼꼼히 읽으시고, 녹음과 전사를 통해 진단표로 분석하면 됩니다. 좀 더 추가적인 연습이 필요하면 제게 도움을 요청하세요.

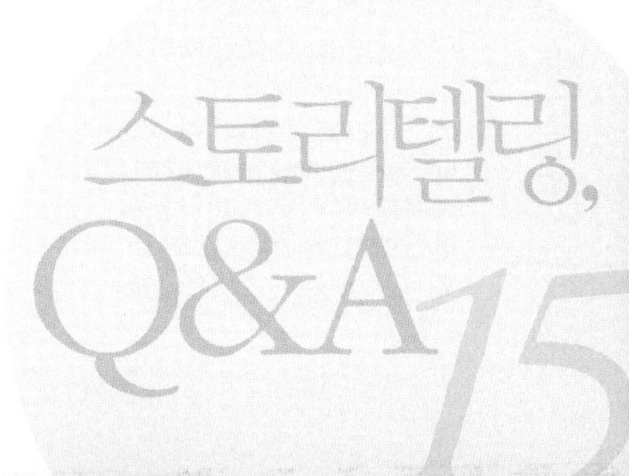

Contents

Part 4 단계

[수준별 실천 방식]

수준별로 연습 방식을 선택하라!

Part 5 단계

[시험 적용 방식]

시험장에서도 스토리텔링 기술을 써라!

Part 6 단계

[자기계발 방식]

교실 밖에서도 스토리텔러가 성공한다!

Epilogue | *Now, Try Story-Telling!*

Interview | 스토리텔링, 인터뷰
저자 vs. 수험생 | 저자 vs. 직장인 | 저자 vs. 학부모

Stories | 스토리텔링에 관한 경험자 이야기

영어 말하기 실패의 이유를 밝힌다!

화장과 성형, 능숙한 촬영 기법 때문에 인터넷에 가짜 얼짱이 많다고 들었다. 우리는 이미 찍은 사진을 합성과 수정에 의해서 얼짱의 모습으로 변신시킨 사진에 속기도 한다. 그리고 진짜 얼짱으로 착각하며 열광한다. 얼짱에 가짜가 있는 것처럼 영어 말하기에도 가짜가 있다. 거짓 영어 유창성이 넘쳐난다.

내가 가르치는 학생들 중 일부 해외파들과 대화를 나눠보면 발음도 좋고 몸짓이나 말투가 세련되었다. 꽤나 유창한 말하기 실력이 있는 듯하지만 막상 누군가를 구체적으로 묘사하고 이야기를 처음부터 끝까지 서술하는 장거리(long-run) 말하기를 하면 갑자기 곤혹스러워하면서 영리하게 해당 주제를 피해간다. 순발력은 있지만 지구력은 없다. 하고 싶은 말을 긴 호흡으로 말하지 못한다면 당신의 영어는 가짜 영어다.

Part **1** 단계

[실패에서 배우는 방식]

01

영어 공부 10년 해도 말하기는 왕초보

학교에도 화창한 봄이 시작되었다. 무슨 이야기가 그렇게도 재미있는지 연신 깔깔거리며 수다를 멈추지 않는 학생들의 모습이 자주 보인다. 교실로 들어오니 학생들이 환한 모습으로 친구들과 이야기 꽃을 피우고 있다. 이제 영어 수업이 시작되었다. 그런데 방금 전의 그 수다쟁이 학생들은 전부 어디로 간 것일까? 그들은 그저 연필만 들고 무언가를 열심히 적기만 하고 있다. 그렇게 갑자기 굳어버린 학생들의 얼굴을 보니 영어는 커녕 한국어로도 말을 못할 것 같다.

앞의 예와 같이 우선 영어로 자신을 소개하는 시간을 갖기로 했다. 한 학생은 "My English is poor. My grammar is not good. But I want to speak English fluently. I want to speak English like a native."라고 자신을 소개하기 보다는 자신의 영어 발음과 문법에 대해 부끄러워하기만 했다.

영어 말하기에 관한 고민을 말하면 언제나 등장하는 대상이 바로 '원어민(native speaker)'이다. 원어민의 발음과 문법을 기준으로 자신의 영어에 대해 열등감을 느끼는 학생들이 정말 많다. 전공을 불문하고 영어에 관해 말하면 "저는 영어를 잘 못해요, 문법이 약하고요. 발음이 좋지 않아요. 그래서 유창하게 말하고 싶어요. 원어민처럼요."라는 동일한 고민과 희망 사항을 털어놓기 시작한다.

많은 학생들이 영어 회화든 뭐든 영어를 배우는 수업을 수강한다. 첫 시간에는 알게 모르게 수강생들 사이에 긴장감이 감돈다. 각자 자기소개를 시작하고 누군가 나보다 발음이 더 좋으면 부담감을 느끼기도 한다. 무엇을 말하는지, 말하고 싶은 것을 말하고 있는지는 중요하지 않다. 말하는 내용보다 발음과 표현이 계속 신경 쓰인다면 가짜 영어에 홀려 있는 것이다.

언젠가 민희가 연구실로 찾아 온 적이 있다. 언제나 밝은 학생인데 그 날은 꽤 심각한 표정이었다. 민희는 초등학교 때부터 영어 학원을 다니면서 집에서도 학원에서 시키는 대로 영어 테이프를 듣고 받아쓰기 연습을 열심히 했다. 중·고등학교 때에도 영어를 좋아했고, 성적도 항상 좋았는데 막상 대학교에 오니 영어 말하기 공부를 처음부터 다시 해야 할 것 같다고 고민했다. 민희의 소원은 재미 교포 2세처럼 '폼나게' 영어를 말하는 것이었다.

이것이 민희만의 소원일까? 많은 학생들이 원어민이나 교포 2세처럼 유창하게 말하고 싶어하고, 영어 수업에서 자신보다 더 세련된 발음으로 원어민 선생님과 이야기를 나누는 친구가 있으면 금방 의기소침해진다. 학교에서 영어 회화 시간, 외국에서의 어학연수, 한국으로 다시 돌아와 직장인이 되어 다시 다니는 회화 학원에서도 자신의 말하기 실력에 대해서는 여전히 불만이다.

외국계 기업에서 근무하는 은선도 마찬가지다. 취업 전부터 학원에서 영어 회화를 공부했지만 유창하게 영어를 말하는 학생들 틈에서 큰 재미를 못 느끼고 있었다. 캐나다로 어학연수를 다녀와서, 복학 후 원어 수업을 골라 들었고, 이제 외국계 기업에 취업한 지 3년이 되었다. 그러나 은선은 여전히 영어 말하기에 자신이 없다고 한다.

은선에게 부족한 영어 말하기의 2%는 과연 무엇일까? 오랜 시간 코칭을 해보니 은선에게 필요한 것은 'long-run talk 연습'이었다. 은선은 일상적인 소재에 대해 서로 주고받는 대화에는 익숙하지만, 자신이 말하고 싶은 것에 대해 혼자서 길게 말하는 경험이 부족했다.

　나는 이 책을 통해 은선이와 같은 만년 초 · 중급 영어 말하기 학습자에게 자신만의 스토리를 기반으로 '길게 말하기 연습'을 하라고 제안할 것이다. 자신의 스토리를 텔링(telling)해보는 연습 없이는 만년 초 · 중급 영어 실력을 절대 벗어날 수 없다.

　그런데 이러한 스토리 기반의 'long-run talk 연습'에서 반드시 짚고 넘어가야 할 것이 있다. 바로 원어민다운 영어에 대한 환상이다. 예전에 네티즌들이 대통령이나 히딩크 전 국가대표 축구감독의 영어에 대해 비아냥댄 댓글을 본 적이 있다. 이유는 악센트가 강하고 발음이 좋지 않다는 것이었다. 아마도 그들의 영어에 대한 평가에는 분명 원어민 기준이 숨어 있었을 것이다. 원어민 영어에 비해 너무나 '비원어민 같은' 영어가 만족스럽지 않았던 것이다.

　우선 원어민다움(nativeness)에 대한 학습 목표를 버려야 한다. 원어민스러운 영어에 집착한다면 우리는 아무리 열심히 영어 공부를 해도 불편할 수 밖에 없다. 원어민이란 기준 때문에 오히려 영어 말하기 공부가 진척이 없을 수 있다. 영어 말하기에서 제일 중요한 목표는 원어민과 멋있게 대화하는 것이 아니라 내가 표현하고 싶은 것을 말하는 것이다.

　그러나 주변에는 원어민과 비원어민의 영어가 비교되는 영어 교육 환경이 아직도 참 많다. 영어를 가르치는 방송을 보면 발음과 표현에 관한 이야기를 너무 자주 하고, 영어 회화 강좌에서는 어휘나 구문 표현에 관한 설명에 많은 시간을 치중한다. 회화 강의 내용을 필기하면서 가끔씩 대화를 주고받으면 언제 말하기 실력이 향상될까?

　이처럼 대한민국 국민이 영어 말하기 공부에 집중하고 있지만 막상 영어 말하기 공부법에 대한 지식이 부족하다. 학생과 직장인들이 10년 이상 전화 영어로, 영어 회화 학원에서, 영어 마을에서 영어를 배우고 있지만, 혹시 그들이 배우고 싶은 영어는 무지개처럼 잡힐 듯 잡히지 않는 원어민 영어는 아닌지, 수

동적으로 묻는 말에 겉도는 내용의 답변만 주고받는 인터뷰식 영어가 아닌지 근본적인 영어 공부법에 대한 진단과 처방이 필요하다. 영어 말하기 공부에 대한 정보가 부족한 사람들이 이런 가짜 영어에 현혹된다. 영어 말하기를 배우는 목적에 대해 생각해보자.

속지 말자!
가짜 얼짱 영어

  '내겐 너무 가벼운 그녀(Shallow Hal)'라는 영화를 재미있게 본 기억이 난다. 할(Hal)은 그저 눈에 보이는 아름다움만 쫓는 외모지상주의 남성이지만, 어느날 내면의 아름다움으로 상대방의 외모를 보게 되는 마술에 걸린다. 누군가의 마음이 예쁘면 예쁠수록 그 얼굴도 그만큼 예쁘게 보이는 것이다. 할이 유머가 넘치고 친절하지만 뚱뚱하고 못 생긴 로즈메리(Rosemary)를 만났을 때, 마술에 걸린 그의 눈에는 그녀가 기네스 팰트로 수준의 미인으로 보인다.

  과연 아름답다는 것은 무엇일까? 로맨틱 코미디 영화 한 편이 눈에 보이는 아름다움에 대해 근본적으로 생각하게 해주었다. 한국 사회에서 많은 사람들이 표면적인(superficial) 모습에 집착하고 있기 때문에 이 영화를 보고 그저 웃고 지나칠 수만은 없었다.

  키 크고 예쁜 외모의 여학생들에게 관심이 많은 성민이란 남학생이 있었다. 매번 성민이를 만날 때마다 여자친구가 바뀌어 있었는데 언제나 팔등신 미인들이었다. 졸업한 후 오랜만에 성민이에게 전화가 왔다. 곧 결혼한다며 여자친구와 함께 인사하러 오고 싶다고 했다. "슈퍼모델 수준의 아가씨겠구나."라고 했더니 성민이는 그저 웃기만 했다.

내 예상은 빗나갔다. 성민이가 그동안 만났던 여자친구에 비해 정말 평범한 외모의 아가씨가 온 것이다. 그들이 만나게 된 사연도 그리 특별하지 않았다. 직장 동료인 그녀에게 처음에는 관심이 생기지 않았는데 서로 집이 일산 방향이라 함께 오가면서 정이 들기 시작했다는 것이다. 항상 눈을 맞추고 성민이의 이야기를 경청하며 또박또박 말하는 모습이 너무 사랑스러웠다고 했다. 외모가 전부인 것 같지만, 사실은 소통의 매력이 느껴지게 될 때 우리는 사랑에 빠지게 된다. 연애를 해본 사람은 다 알 것이다.

우리가 누군가를 좋아하게 되는 것은 서로의 가치를 발견하고 진실함을 느끼게 될 때이다. 그것은 대화를 통한 서로간의 소통이 만드는 것이다. 의사소통에서 정말 중요한 것은 'getting to the heart of a person'이라고 할 수 있다. 우리는 매력적인 대화를 나눌 수 있는 사람, 시선을 피하지 않고 당당하게 악수를 건넬 수 있는 사람과 시간을 보내고 싶이한다.

지금도 그렇지만 '얼짱 붐'이 한참 네티즌의 관심을 받은 적이 있다. 연예인이 아닌 일반인들이 찍은 사진을 인터넷에 올려놓고 네티즌들이 얼짱 투표를 하는 것이다. 그러나 그곳에서도 가짜 얼짱이 있었다. 이미 찍은 사진을 합성과 수정에 의해 얼짱의 모습으로 탈바꿈하는 것이다. 우리는 기술로 조작된 사진에 속고, 진짜 얼짱으로 착각하며 그 거짓에 열광한다.

이처럼 영어 말하기의 기준에도 가짜 유창성이 숨어 있다. 겉만 번지르하고 실제 내용은 없는 속 빈 강정과 같은 영어가 있다. 말을 걸고 주고받고 싶은 사람은 알맹이 없는 이야기를 하는 사람이 아니라 자신의 스토리를 전할 수 있는 사람이다. 아무리 세련된 표현을 사용하는 사람이라도 겉도는 이야기만 하는 사람과는 오랫동안 대화할 수 없다.

원어민의 영어에 너무 집착하지 말라고 당부하고 싶다. 원어민 영어는 잡히지 않는 무지개다. 멋있는 발음만 듣는 것은 마치 이성의 외모와 옷차림에만 마음이 빼앗긴 것과 같다.

아름다운 외모가 판단의 전부가 되는 것이 문제인 것처럼 영어 말하기도 마찬가지다. 모국어가 아닌 영어로 말하기를 잘하기 위해서는 원어민처럼 말해야 한다는 부담감을 먼저 내려놓아야 한다. 말을 하는 이유는 그저 보여주기 위해서만 존재하는 것이 아니라 서로의 마음을 나누기 위한 것이기 때문에 영어 말하기 공부에서 제일 중요한 것은 내가 전달하고 싶은 '나만의 스토리를 말하는 연습'이다. 이러한 말하기 연습을 통해 진정한 말의 소통을 경험할 수 있다.

- ☐ 우선 말을 걸고 싶은 사람, 말을 주고받고 싶은 매력적인 사람이 되자. 상대방의 눈을 맞추고 말하는 연습을 하자.
- ☐ 표정은 밝고 매력적으로, 가급적 웃으면서 말해보자.
- ☐ 말하고자 하는 내용이 길다면 복잡한 구문을 사용하지 말고, 간결한 문장으로 이야기의 흐름에 집중하도록 하자.
- ☐ 자신의 감정을 전하기 위해 분명한 발음, 얼굴 표정, 몸이나 손 동작을 적극적으로 활용하는 것도 도움이 된다.
- ☐ 말하고 싶은 것을 표현할 수 없으면 한국어를 사용하여 주위의 도움을 구하거나, 손짓으로 가르키며 말해도 좋다.
- ☐ 대화 도중에 상대방이 지루한 듯한 모습을 보이면 질문을 던지거나 한 호흡 쉬어가며 상황을 살펴라.
- ☐ 평소에 상대방이 기대감을 가질 수 있는 이야기 소재를 수첩에 기록하면서 수시로 말하는 연습을 하는 것도 좋다.

바로 이러한 방법이 우리가 비원어민이지만 매력적이고 당당한 모습으로 영어 말하기를 할 수 있는 방법이 된다.

'현실적으로 필요한 원어민과의 소통을 위해 나의 발음과 어휘 실력을 어떻게 당장 변화시킬 수 있나?'라고 언제까지 불평하고 말하기 학습을 미루기만 할 것인가? 원어민 선생님이 없는 곳에서도, 영어 회화 학원을 다니지 않아도, 영어 말하기 공부를 시작할 수 있다.

바로 앞에서 말한 '나만의 스토리를 말하는 연습'은 가짜 영어를 버리고 진정한 영어 유창성을 찾을 수 있도록 하는 영어 공부법의 진정한 길이 될 것이다. '영어' 말하기를 배우기 전에 영어 '말하기'를 위한 나만의 스타일부터 찾아야 한다.

말하기 위해 버려야 할 인터뷰식 영어

영어 업무를 담당하고 있는 직장인의 영어 말하기 실력이 대부분 중급 수준에 머물고 있는 것이 지금의 현실이다. 어학연수도 다녀왔고, 학원에서 영어 회화 수업도 꾸준히 듣고 있는데 영어 말하기 실력이 노력만큼 향상되지 않고 딱히 다른 공부법도 찾고 있지 못한 상황이라면 중급 영어 바이러스에 단단히 걸린 셈이다.

왜 원어민 선생님이 가르치는 영어 회화 수업을 열심히 들어도 말하기 실력이 늘지 않을까? 그것은 원어민과의 수업 속성상 비원어민인 학생들이 원어민 선생님에게 너무 의존하고 있기 때문이다. 영어 말하기의 진짜 실력은 하고 싶은 말을 혼자서 길게 해야 향상될 수 있는데 그런 기회가 거의 없다. 대부분의 회화 수업에서 학생들은 그저 질문에만 대답하는 역할을 하며, 어휘와 표현을 반복적으로 학습할 뿐이다. 그렇게 해서는 만년 중급 영어에서 벗어날 수 없다.

만약 인터뷰 면접관 역할을 하는 선생님이 있고, 개별 학생이 그 질문에 응답하면서 수업이 진행된다면 그곳에서 배우는 영어는 인터뷰에 필요한 말하기 기술이다. 이러한 인터뷰식 대화 연습이 필요할 때도 있지만, 그것만으로는

거짓 유창성을 바로잡는 스토리텔링 학습법

이제 거짓 유창성 바이러스를 퇴치할 수 있는 백신을 소개하겠다. 긴 스토리를 말하는 연습만이 만년 중급용 영어 회화 연습에 종지부를 찍을 수 있다. 우선 스토리텔링과 대화는 다른 방식의 말하기라는 것을 알아두자. 다음의 표에 스토리텔링 영어와 대화 영어의 차이점을 간략하게 정리하였다.

스토리텔링 영어와 대화 영어의 차이점

스토리텔링 영어	대화 영어
대부분의 스토리는 처음-중간-마무리의 구조를 갖고 있다. 배경과 등장인물에 대한 묘사 정보가 필요하며 어떤 사건 안에서 갈등이나 위기가 발생하고 해결되기도 한다.	대화자끼리 비교적 짧은 말을 서로 교환한다. 서로 협력하여 정보를 교환하기 때문에 의미 구성이 상호의존적이다.
전달 도중에 "모른다."라고 말하면서 자신의 스토리를 중도에 포기하는 경우가 없다. 어떤 방식으로든 자신의 스토리를 말하는 것을 마무리하기 위해 적극적으로 노력을 해야 한다.	대화 도중에 자신이 대답할 수 없거나 회피하고 싶은 상황이 발생할 수 있다. "모르겠어요.", "아무것도 아닙니다."와 같은 대답을 할 수 있다. 또는 몸짓, 웃음만으로도 대화를 유지할 수 있다. 자신이 반드시 대화를 진행시킬 필요는 없다.

□ 영어를 모국어로 말하지 않는 사람의 억양과 발음에서 오는 고질적인 실수가 가끔 나타난다.

이것은 모두 앞에서 설명한 '원어민' 기준이다. 이렇게 거짓 유창성을 묵과하면서 문법, 어휘, 발음 등의 원어민 기준을 계속 강조하면 학생들은 어리숙하게 길게 말하는 것보다, 정확한 문장으로 짧게 말하는 것에 더 집중하게 된다.

거짓 유창성을 조장하는 영어 회화책도 넘친다. 영어 회화를 공부하기 위해서 책 한 권 구입하지 않은 학생이 없을 것이다. 그런데 대부분 말하기를 위한 교재들이 어휘와 구문에 대해 너무 장황한 설명을 하고 있다. 학생들에게 영어책을 보면서 공부할 뿐 말할 기회가 주어지지 않는다. 진짜 유창성이란 내가 하고 싶은 말을 길게 할 수 있도록 실력을 쌓는 것인데 연필만 들고 공부하려니 결코 말을 배울 수가 없다.

회화책에 나오는 대화와 문장은 너무 모범생 영어다. 문장 하나하나가 너무 반듯하고, 대화문은 지나치게 문법적이거나 원어민이 사용하는 표현에 집중하고 있다. A가 물으면 그 다음 B가 대답하는 식의 회화 교재에서 구문과 표현을 위주로 학습하면 영어 말하기에 자신감이 생길 수 있을까?

유창하게 진짜 영어를 말하기 위해, 나는 항상 두 가지를 제안한다. 교실 밖에서 진짜 대화를 자연스럽게 배워야 한다는 것, 혼자 혹은 소그룹으로 공부할 수 있는 스토리텔링 영어를 배워야 한다는 것이다. 진짜 영어를 접할 수 있는 대화의 특성이나 공부법은 다음 기회에 설명하기로 하겠다. 우선 다음 페이지에서 스토리텔링으로 영어 말하기를 배울 수 있는 구체적인 방법부터 설명하겠다.

거짓 유창성 바이러스와 유창한 진짜 영어

　'내가 배우고 있는 영어 말하기가 진짜일까?', '좋은 성적을 받은 영어 시험이 거짓 유창성을 조장하고 있지는 않은가?', '영어 시험을 준비하며 공부한 영어가 시험장 밖에서도 사용할 수 있는 진짜 영어일까?'라는 생각이 든다면, 영어 말하기 시험의 채점 기준표를 꼼꼼이 살펴보자.

　일반적으로 '원어민'이 평가 기준으로 가장 빈번하게 등장한다. '교양있는 원어민에 버금가는 최상급 수준의 유창성'이 있다고 판단되면 영어를 잘하는 수준이다. 발음, 문법, 억양, 어휘, 정확성에 대한 기준에서도 '원어민'이 자주 등장한다. 국내에서 사용되고 있는 실제로 말하기 능력을 평가하는 채점 기준표의 문구 몇 가지를 나열해보면 다음과 같다.

□ 원어민에 가까운 자연스러운 발화 능력이 있다.

□ 원어민도 일으킬 수 있는 어법 오류를 거의 보이지 않는다.

□ 무리없이 원어민과 대화를 나눌 수 있다.

□ 원어민과 의사소통이 충분히 가능하다.

□ 영어를 말할 때 영어를 모국어로 사용하는 사람과 거의 같은 수준으로 능통한 영어를 구사한다.

□ 영어를 모국어로 사용하는 사람과 같은 발음 및 악센트를 갖추었다.

절대 영어 말하기 실력이 향상되지 않는다. 묻고 답하는 인터뷰식 영어 회화 수업을 더 이상 듣지 않아도 되는 중급 수준 학습자들이 그 수업을 여전히 듣고 있다는 것이 안타깝다. 영어 말하기를 잘하기 위해서는 묻는 말에 대답하는 수준이 아니라 본인이 말하고 싶은 것을 길게 말하는 연습이 필요하다.

다시 강조하지만, 실제 대화에서는 대화 참여자들이 말할 차례에 대해 동등한 권리를 갖고 자연스럽게 중간에 상대편 말을 끊기도 하고, 화제를 전환시키기도 한다. 하지만 선생님만 면접관처럼 질문하고, 학생은 묻는 말에 응답하는 형식으로 말하기를 공부했다면, 이 학생은 말하기 실력이 늘기는 커녕 의존적인 대화 습관을 갖게 된다.

회화 수업뿐만 아니라, 인터뷰 시험에도 거짓 유창성의 바이러스가 있다. 일반적으로 시험장에서는 원어민 면접관이 선호되므로 영어 말하기 시험이라고 하면 원어민과의 인터뷰를 연상하는 학생들이 꽤 많다. 원어민 면접관이 자신의 영어 말하기 능력을 가장 잘 평가할 수 있다고 생각하지만, 의외로 어리숙한 원어민 면접관이 많으며 객관적이지 않은 영어 인터뷰 시험도 있다.

수험자가 영어를 능숙하게 하지 못하더라도 인터뷰 시험장에서 요령과 눈치만 있다면 원어민 면접관의 질문에 영리하게 응답할 수 있다. 반복적으로 사용하는 핵심 문장 몇 가지를 이리저리 바꾸어 면접관의 질문을 재확인하고, 문구를 반복하고 요약하면서 대화를 이어가는 것이다. 마치 유창한 영어를 구사하는 듯하지만 사실은 급한 면접관에게 영리하게 의존하면서 능숙하게 대화하는 것이다. 겉보기엔 유창한 듯하지만 사실은 말하고 싶은 것을 편안하게 자유자재로 말할 수 있는 유창성은 아니다. 독해력을 향상시키려면 꾸준히 긴 지문을 읽어야 하듯이, 말하기도 길게 말하는 연습이 필요하다.

이처럼 스토리텔링은 도망갈 수 없는 영어라고 할 수 있다. 처음부터 끝까지 하나의 유기적인 스토리를 구성하는 말하기 활동이기 때문에 중간에 "모른다."라고 말하기를 접는 것은 어색하다. 내가 스토리를 시작했으면 내가 마쳐야 한다.

스토리텔링과 대화는 다르다. 대화자들은 서로 말의 순서를 주고받으면서 대화 내용을 유지하는데 대화 진행의 능숙도, 성격이나 인간 관계에 따라서 한쪽에서 얼마든지 대화 내용을 지배할 수 있다. 즉 한쪽에서 마음대로 말을 끊을 수 있고, 주제를 변경할 수도 있다. 한쪽에 기회가 너무 많으면, 반대편에서 자신이 하고 싶은 말을 쉽게 전하지 못할 수도 있고, 할 말을 제대로 하지 않는 경우도 생긴다. 영어로 대화하는 것을 관찰해보면 학생들이 "I don't know.", "Nothing.", "So so." 등의 표현으로 자신이 말할 수 있는 기회를 자의 반, 타의 반으로 기피하는 경우가 많다.

대화 연습도 필요하다. 그러나 대화 연습만으로 영어 말하기가 유창해질 수는 없다. 상대방이 간섭하지 않아도 처음부터 끝까지 내가 주인공이 되어 말하고 싶은 이야기를 끝낼 수 있는 스토리텔링 연습이 필요하다. 기뻤거나 슬펐던 사건, 영화 줄거리, 첫 사랑의 기억 등에 대해 내가 말하고 싶은 것을 처음부터 끝까지 길게 말하는 연습을 해보자. 우리는 교실 밖에서 영어 말하기를 할 때 길게 사건을 서술하고 상황을 보고하거나 발표해야 할 일이 많다. 스토리로 길게 말하는 연습을 하지 못하면 교실 밖에서 할 수 있는 영어란 고작 다른 사람에게 의존하는 대화가 될 뿐이다.

스토리텔링은 폼생폼사 스타일의 영어 말하기 습관도 고쳐줄 수 있다. 본인 스스로 하나의 스토리를 시작해서 끝까지 마치는 과정 중에 가장 중요한 것은 말하고 싶은 내용을 제대로 전달했는지다. 내용에 집중하다보면 겉멋이 들어간 발음이나 쓸데없이 어려운 어휘 사용에 집중할 수 없다. 바로 스토리텔링 영어는 거짓 유창성 바이러스를 잡아내는 백신이다.

스토리텔링 샘플을 하나 보자. 회화 수업 시간에 영어를 잘한다는 말을 듣는 학생을 만나 직접 대화해보니 일단 발음이 좋고 영어를 말하는 자세가 자연스러웠다. 이 학생에게 처음부터 끝까지 아무런 도움을 주지 않고 '당혹스러웠던 사건'을 5분 동안 스토리로 말해보라고 했다.

샘플

I went to the bus stop... with my umbrella. And..., I go to my office and work and go back home. I went to the bus, and... in the bus, I left umbrella in the seat. And after the bus... after go, after the bus stop, uh, get off the, my, bus stop... I'm thinking... I am thinking about the umbrella left there... And, I, uh, and I, but very much, very much raining, very much, but I don't, I don't have umbrella. So I, falling on the rain, falling, uh, I, I go to, go back home without umbrella. So I wet with the rain, so I cold, uh, I catch a cold....

전 버스 정류장으로 갔어요… 우산을 가지고요. 그리고…, 사무실에 가서 일을 하고 집으로 돌아오지요. 버스를 탔는데, 그리고… 버스에서, 자리에 우산을 두고 내렸어요. 그리고 버스를… 가다, 버스 정류장을 지나서, 아, 내리는, 버스 정류장을… 전 생각을… 거기에 둔 우산을 생각하고 있는데… 그러다, 제가, 아, 그러다 제가, 그런데 아주 많이, 많이 비가 내리고 있어요, 많이요, 그런데 전, 전 우산이 없어요. 그래서 전, 비가 내리는, 내리는데, 아, 제가, 제가 가다, 집으로 우산 없이 돌아가요. 그래서 비에 젖어서, 그러고 나서 제가 감기, 아, 제가 감기에 걸렸어요….

이 학생의 말하기는 초급, 중급, 상급 중에 어느 수준에 해당될까? 영어 회화 시간에 세련된 발음으로 대화를 자연스럽게 이어갔을지 모르겠지만 스토리텔링의 측면에서는 전형적인 중급 수준이다.

비가 내리고 있었는데 버스에 놓고 온 우산 때문에 비를 맞고 감기에 걸렸다는 내용이다. 전체적으로 내용의 흐름이 유기적이지 않고, 등장인물의 성격과 외모, 사건의 배경에 대한 구체적인 묘사와 자신의 감정을 드러낸 부분이 거의 없다. 기본 줄거리를 그저 문장으로 나열했을 뿐이다. 과거에 일어난 사건을 서술한 것이므로 과거시제를 통일성 있게 사용해야 했다.

단 5분 동안 스스로가 처음부터 끝까지 감당해야 하는 스토리텔링 영어를 통해 감춰질 수 있는 거짓 유창성의 단면이 밝혀지게 된 것이다. 둘 혹은 여럿이 영어를 말할 때 굳이 내가 적극적으로 말하지 않아도 상대방에 의존하며 대화를 이끌어 갈 수 있지만, 스토리텔링 영어는 그런 식으로 피해갈 수 없다. 게다가 일상적인 주제를 다루기 때문에 주제가 낯설다고 핑계를 댈 수도 없다.

짧게 주고받는 대화 기술이 순발력을 요구한다면 스토리텔링 영어는 지구력을 요구한다. 대화를 잘 이끌어 간다고 해서 반드시 스토리텔링도 잘한다고 할 수 없다. 100m 단거리를 아무리 잘 달려도 장거리 달리기에 참가하려면 다른 방식의 연습을 해야 하는 것과 같다.

스토리텔링 처방법이 필요한 이유

초등학교 때부터 영어 공부를 시작하여 회화 교재, 회화 학원, 전화 영어를 통해 10년 넘게 영어를 공부했는데도 여전히 초급 수준을 벗어나기 어렵다는 학생과 직장인을 자주 만난다. 원래 영어로 말하는 것이 쉽지 않으니 좀 더 열심히 공부해야 하는 것일까?

문장을 나열해서 묻고 답하는 형식의 대화는 가능하지만 오랫동안 그 수준에 머물고 있다면 근본적으로 공부법을 바꿔야 한다. 거짓 유창성만 키운 공부법을 과감히 버리고 스토리텔링 공부법이라는 처방이 필요한 순간이다.

스토리텔링 말하기 연습은 무엇인가? 읽고, 보고, 들은 개인의 경험에 감정을 이입시켜 인과 관계나 시간 순서대로 길게 말하는 연습이다. 스토리텔링을 계속 하다보면 스토리의 구조에 따라 혼자서 길게 말하는 것이 익숙해진다. 이것이 상급 수준에서 요구하는 영어 말하기 능력이다.

영어 말하기는 여러가지 활동으로 나눌 수 있다. 자신의 의견을 주장하고, 자료를 보며 발표하고, 그룹으로 토론하는 말하기 활동도 있다. 그러나 이러한 활동에 비해 스토리텔링은 가장 일상적이면서 대중적인 말하기 활동이다. 원어민이든 비원어민이든 어린 아이부터 어른까지 매일 영화, 책, 광고, 드라마와 같은 스토리의 홍수 속에 살고 있다. 우리들은 자신이 경험한 스토리를 누군가에게 전하거나 어디선가 보거나 들은 스토리를 다시 전하는 일을 반복하며 살고 있다. 어느 기업 CEO의 성공 스토리, 지금 사귀고 있는 이성친구, 지난 주말에 본 드라마, 현재 일하고 있는 회사 업무에 대한 스토리를 다른 사람들에게 듣고 또 전하면서 함께 기뻐하고 슬퍼하고 화도 낸다. 우리는 이렇게 다른 듯한 다양한 스토리의 내용에 공감대를 형성한다.

스토리텔링으로 말하기를 연습해야 하는 이유는 그만큼 스토리텔링이 일상적인 언어 활동이기 때문이다. 그런데 매일 스토리텔링을 연습하면 정말 영어 말하기 실력이 향상될까? 영어 말하기 공부에서 자주 실패했기 때문에 어떤 공부법을 들어도 의심부터 생길 것이다. 하지만 스토리텔링 공부에는 거짓이 없다. 수개월만 반복적으로 연습하면 눈에 띄게 실력이 향상된다.

이제는 공부하는 시간을 늘리지 말고, 공부법부터 바꿔야 한다. 안타깝게도 아직 한국에서는 스토리텔링 말하기 교육의 열풍이 불고 있지 않다. 나는 어디에서나 '스토리텔링으로 말해보는 캠페인이 없다면 한국의 영어 말하기 교육에는 희망이 없다.'라는 한결같은 주장을 한다. 발음과 어휘, 구문과 표현 중심의 학습, 뉴스나 영자 신문을 활용한 발표 혹은 토론 등의 공부법은 지루하고 어려워서 말하기 연습을 지속하기 힘들다. 말하기 공부를 할 때는 일단 자신이 말하기의 주인공이 되어 연습하는 것이 중요하다. 스토리텔링 연습은 누군가의 도움이나 개입 없이 혼자서 처음부터 끝까지 문장을 길게 말하는 연습이라는 점을 기억해야 한다.

스토리텔링의 바람이 불어야 한다. 스토리가 없는 대화, 스토리가 없는 발표와 토론은 무미건조하다. 스토리텔링을 할 수 있어야 말하기가 더욱 즐거워진다.

지금의 영어에서 다시 시작하라!

스토리텔링 말하기 공부법에 대해 하나하나씩 알아보기 전에 자신의 영어 말하기 능력이 어느 수준에 있는지 파악할 필요가 있다.

여기에서는 수십년 동안 많은 교육 기관에서 활용된 ACTFL(American Council on Teaching of Foreign Languages: 전미 외국어 교육 협의회)을 기준으로 영어 말하기 능력의 등급을 설명할 것이다. 이 등급은 국내에도 잘 알려진 OPIc 영어 말하기 시험의 채점 등급이기도 하다. 자신의 진짜 영어 능숙도 등급이 초급, 중급, 상급, 최상급 중 어디에 해당되는지 진단해보자.

Part
2
단계
[말하기 성공 입문 방식]

나의 영어 말하기 수준을 알라

몸이 아프면 병원에 가서 진찰을 받는다. 병원에서 건강 검진표를 받고 각 검사 항목에 있는 체크 리스트를 통해 자신의 건강 상태를 확인받게 된다. 영어 말하기도 마찬가지다. 영어 말하기 능력에 대해 진단을 해야 자신의 말하기 수준도 판단할 수 있다.

영어 말하기에 관한 기준은 교육과 평가를 담당하는 기관과 전문가마다 다르게 설정될 수 있다. 예를 들어 어떤 말하기 시험의 채점 기준이 발음, 어휘, 문법, 정확성에 비중을 크게 두고 있다면 그 시험에서는 발음이 좋고, 문법과 어휘 사용이 정확한 사람을 인정한다. 그런데 발음, 어휘, 문법, 정확성에 큰 비중을 두고 있는 등급 기준이나 원어민과 비원어민을 대비시키면서 영어 말하기 능력을 판정하는 기준에는 분명 거짓 유창성이 숨어 있을 수 있다. 그래서 자신의 영어 말하기 실력을 잘 진단할 수 있는 객관적인 등급표를 사용해야 한다. 그래야 학습자들은 자신의 영어 말하기 능력이 어느 수준인지 제대로 파악할 수 있다.

영어 말하기를 공부할 때 등급에 대한 이해가 반드시 필요한 이유는 자신의 등급에 대한 이해 없이는 적절한 공부법을 찾을 수 없기 때문이다. 세부적인 등급 판정은 전문적인 채점자들의 몫이지만 학생들도 스스로를 진단할 수 있는 정보가 많다.

유럽에서 자주 사용하는 CEFR(Common European Framework of Reference) 언어 능력 등급 정보는 아직 한국에서는 활발하게 사용되는 기준은 아니다. 다른 등급표처럼 ACTFL(American Council on Teaching of Foreign Languages) 등급표도 복잡한 말하기 능력의 모든 단면을 포함하지 못하지만, 쉽게 이해할 수 있는 정보가 많다.

여기서는 ACTFL 기준의 초급, 중급, 상급, 최상급에 해당되는 말하기 특성을 설명하겠다. 우선 스스로 말하기 능력 등급 중에서 어디에 해당되는지 진단해보면 영어 말하기 학습자들이 왜 스토리텔링 연습을 해야 하는지 이해할 수 있다. 초·중급과 상급 수준을 구분짓는 가장 중요한 특성이 바로 스토리를 구성할 수 있는 능력이기 때문이다.

1_ 초급 단계 – Lister

초급 단계에서는 단어나 이미 암기한 문장으로 단순한 정보를 나열해서 말할 수 있다. 어휘뿐만 아니라 문장으로 말할 수도 있지만, 자유롭게 문장을 만들 수 있는 수준은 아니다.

초급 수준의 학습자를 흔히 'Information Lister(정보 나열자)'라고 부르는데 단어를 나열하거나 암기한 문장을 말할 수 있지만 제한적인 구문 형태를 사용해서 상투적으로 응답하는 수준이기 때문이다. 즉흥적으로 말하기를 요청하면, 초급 학습자들은 크게 당황하며 문장조차 제대로 말하지 못하기도 한다.

다음은 초급 학습자의 말하기 샘플이다. 이 학생은 초급 단계에서도 중간 정도 수준의 등급 판정을 받았다.

Um, I'm sorry, uh, you mean, is, I ask, to me, um, I sorry I don't understand your a question.

어, 미안합니다, 어, 그게, 제가 묻기를, 제게, 어, 당신의 질문을 이해하지 못해서 미안합니다.

앞의 샘플을 통해 파악할 수 있듯이, 중간에 머뭇거리는 시간도 길고 심지어 질문 자체도 제대로 이해하지 못한다.

다음은 초급 수준의 다른 말하기 샘플이다. 간단한 문장 형태로 자신이 가지고 있는 두 대의 컴퓨터에 관해 말한 것이다. 문장을 구성하고 있지만 데스크탑과 랩탑 정보를 대비하여 나열하는 수준이다.

Um, I have a two computer. One computer is desktop, um, is the, it's for me, my children, another computer is laptop, it's for my wife. My wife has a work. So laptop computer is wireless lan, have and, then, then, is a, um, wireless lan, desktop is, uh, is, uh....

아, 저는 컴퓨터를 두 대 갖고 있어요. 하나는 데스크탑, 아, 그건, 저의, 제 아이들 것이고, 다른 건 랩탑인데, 그건 제 아내 것입니다. 제 아내는 일을 해요. 그래서 랩탑 컴퓨터는 무선 랜이고, 있고, 그래서, 그래서, 아, 무선 랜이고, 데스크탑이, 아, 그런데….

2_ 중급 단계 – Creator

중급은 일상적인 상황이나 익숙한 소재에 대해 자신감을 갖고 묻고 싶은 것을 묻고 질문에도 길게 응답할 수 있는 수준이다. 흔히 중급 수준의 학습자를 'Sentence Creator(문장 구성자)'라고 부른다.

초급이 암기한 어휘나 구문에 의존하여 말한다면, 중급은 좀 더 자유롭게 문장을 만들면서 대화를 유지할 수 있다. 그러나 중급 수준에서 큰 어려움 없이 질문하고 대답할 수 있는 내용은 가족, 친구, 취미, 직업 등의 일상적인 소재에 한정된다. 다음은 중급 수준에서 중간 정도의 세부 등급 판정을 받은 학습자 샘플이다.

중급 샘플 1

Uh... I have a lot of classes on Monday. So I am tired on Monday. I don't like Mondays. Ah, one day I, ah, I was late in English class. There was my presentation in the class. But, I, I am late about thirty minutes. I was tired. You know, there were a lot of classes on Monday, and every Sunday night, I, I was so busy for Monday classes. The, the classmates and my English teacher gathered all together. But I was late. So, the, ah, the presentation isn't star, start because of me, because of my delay. So, ah, I was very sorry. I feel sorry about that people.

아,… 저는 월요일에 수업이 많습니다. 그래서 월요일에는 피곤합니다. 월요일을 좋아하지 않습니다. 아, 어느날, 제가, 아, 제가 영어 수업에 늦었습니다. 그 수업에 저의 발표가 있었습니다. 그런데 제가, 제가 30분 늦습니다. 저는 피곤했습니다. 알다시피, 월요일에 수업이 많았고, 일요일 밤마다, 전, 전 월요일 수업 때문에 바빴습니다. 그, 그 수강생들과 저의 영어 선생님은 함께 모여 있었습니다. 그런데 제가 늦었습니다. 그래서, 그, 아, 그 발표는 저 때문에, 제가 늦어서, 시, 시작하지 않습니다, 그래서, 아, 저는 정말 미안했습니다. 그 사람들에게 미안합니다.

자신의 영어 수업에 대해 말하고 있는 앞의 샘플에서 나타난 것처럼 중급 학습자는 반복적으로 경험하고 있는 일상적인 소재에 대해 문장을 구성할 수 있다. 그러나 정보를 나열할 수 있지만 하나의 사건을 유기적으로 전개시키는 능력은 부족하며 'I-sentence(나로 시작하는 문장)'의 사용이 지나치게 많다. 그리고 사람과 사물을 실감나게 묘사하거나 자신의 감정을 표현하는 기술, 적절한 시제로 동사를 활용하는 능력이 부족하다.

그럼에도 불구하고 중급 학습자들은 다양한 구문에 대한 이해도가 높고, 어휘 실력이 있으므로 영어를 말할 수 있는 충분한 밑천이 있다. 기업과 학교에서 영어 말하기 능력을 진단해보면 한국 학생들은 상당히 빨리 중급 수준으로 진입하는 편이지만, 수년을 반복해서 공부해도 더 이상 실력이 향상되지 못하고 중급 수준의 말하기 등급에 머물러 있다.

3_ 상급 단계 – Storyteller

상급은 영어 스토리텔링이 가능한 단계로 사람, 사물, 상황을 구체적으로 묘사하고 사건을 실감나게 서술할 수 있다. 다소 복잡한 상황과 자신이 말하고 싶은 이야기를 혼자서도 처음부터 끝까지 길게 완성시킬 수 있는 수준으로 'Storyteller(이야기꾼)'라는 이름을 붙일 수 있다. 중급에서 상급으로 진입하기 위해서 스토리를 기반으로 길게 말하는 연습이 필요한 이유가 바로 여기에 있다. 상급 영어가 'long-run talk' 수준이기 때문이다.

스토리텔링을 하기 위해서는 현재시제뿐만 아니라 과거시제와 미래시제를 일관되게 사용할 수 있어야 하고, 시간 순서나 인과 관계에 따라 이야기를 서술해야 하므로 대명사와 접속사를 적절히 사용할 수 있어야 한다. 즉 이야기를 구성할 수 있는지, 동사의 시제를 일관되게 활용할 수 있는지의 능력 여부로 상급 수준을 판정할 수 있다.

중급 수준에서 일상적인 소재에 대해 말할 때 자신감을 보인다면, 상급 수준에서는 즉흥적으로 문제를 해결해야 할 상황에서도 영어 사용이 능숙하다. 상급 영어는 말하고 싶은 것을 말할 수 있는 영어가 되는 수준이다. 영어를 비교적 능숙하게 말할 수 있는 수준이므로 수다쟁이 영어의 단계에 있다고 할 수 있다. 다음은 상급 단계 학습자의 실제 말하기 샘플이다.

상급 샘플 1

In the morning, John was, uh, on the way to office. John wanted to buy chewing gums at a store, and he wanted to park his car near the store. Ah, John thought it was OK to park on the street for some minutes. He went inside the store, and found an interesting article in a newspaper. He read it and, ah, also his boss called him and he just talked to him for more minutes. He came back to his car, and he found that his car was towed away. It was an illegal parking place. He should find out, ah, ah, the place where his car was kept. John finally knew the place, and went there, payed for the fee and could get his car. But then, you know what happened? He realized that he left his car key at the store. He thought he left the key somewhere at the store counter. He should take a taxi to go to the store, found the key, came back to his car, again by taxi. Then John finally could drive his car to his office. It took almost 4 hours to find his car. It was a long day to John. He learned an important lesson that day: Never leave the car just for chewing gums in a busy morning.

아침에, 존은, 어, 사무실로 가는 길이었어. 존은 가게에서 껌을 사고 싶어서, 가게 근처에 차를 세우고 싶었어. 아, 존은 몇 분 동안 길거리에 차를 세워도 괜찮을 거라고 생각했어. 그는 가게 안으로 들어갔는데, 흥미로운 신문기사를 발견했어. 그 신문기사를 읽다가, 아, 상사에게 전화가 와서 몇 분 더 통화했어. 차로 돌아와서, 차가 견인된 걸 알았어. 불법주차였거든. 차가 보관된 곳을, 아, 아, 찾아야 했어. 존은 결국 그 장소를 찾아서, 그곳에 가서, 돈을 내고 차를 찾을 수 있었어. 그런데, 무슨 일이 일어난 줄 알아? 가게에 차 열쇠를 두고 온 것을 깨달았어. 가게 카운터 어딘가에 차 열쇠를 놔둔 것 같았어. 가게에 가기 위해 택시를 타고, 열쇠를 찾고, 다시 택시를 타고 차로 돌아왔어. 그러고 나서 존은 사무실에 자기 차를 타고 갈 수 있었어. 차를 찾는 데까지 4시간이 걸렸어. 존에게는 긴 하루였어. 바쁜 아침에 껌을 사겠다고 절대 차를 떠나지 말자는 중요한 교훈을 하나 배웠어.

앞의 샘플에서 확인할 수 있듯이 상급 수준은 자기가 말하고 싶은 것을 문장을 나열하는 수준을 벗어나 좀 더 조직적으로 길게 이야기할 수 있다. 즉 시작부터 끝까지 하나의 완성된 스토리를 차분히 전개할 수 있다면 상급 수준의 영어다. 원어민을 기준으로 한 거짓 유창성의 틀 안에서는 위와 같은 영어가 상급 수준으로 보이지 않을 수도 있다.

 ## 최상급 단계 – Debater

최상급 단계의 학습자는 단어를 나열하거나 문장을 완성할 수 있고, 이야기를 서술할 수 있는 능력을 모두 갖추고 있기 때문에 언제 어디서든 발표자, 협상자, 토론자의 역할을 충분히 감당할 수 있다. 최상급 수준의 영어는 '유식한 영어'라고 표현할 수 있다. 단순히 말을 많이 하는 수준이 아니라 공식적인 영어 사용 환경에서도 자신의 의견을 전달하고 논쟁과 토론이 가능한 수준이기 때문이다. 예시나 구체적인 사실적 정보를 근거로 자신의 논제를 전개할 수 있고, 필요하다면 가설을 설정하기도 한다. 상급과 최상급 수준은 중급과 상급 수준의 차이만큼이나 확실히 구분된다. 바로 아는 것도 많고, 그 알고 있는 것을 조리있게 말로 전달할 수 있는 수준이다.

중 · 상급자가 보고, 듣고, 경험한 것을 말할 수 있다면, 최상급자는 보이지 않는 것도 유창하게 말할 수 있는 능력이 있다. 정치, 경제, 사회, 문화, 환경, 교육, 등의 어떤 영역이나 추상적인 주제에 대해서 자신의 의견을 구체적으로 말할 수 있다. 폭넓고 난이도가 높은 어휘 활용 능력이 없다면 도달할 수 없는 수준이다.

한국인이 한국어 말하기 평가를 받더라도 최상급의 단계까지는 도달하기 쉽지 않다. 원어민이어서 특별한 노력 없이 보장받을 수 있는 등급은 중급일 뿐이다. 평소에 신문을 읽지 않으며 상식이 부족하고, 공식적인 토론에 참여한 적이 없다면 원어민이라도 절대 최상급의 단계까지 오를 수 없다. 다음은 최상급 단계의 말하기 샘플의 일부다.

최상급 샘플 1

Sports can be defined as competitive physical activities, which are performed under established rules. Like all social institutions, sports serves numerous functions. For example, it provides society with a lot of leisure time activities for all segments of the population. Ah, I know it is an overstatement to say that modern society is a leisure society, but there has been a significant increase in the amount of non-work time, that, that most people have available. I think sports has become increasingly necessary in a society in which the vast majority of jobs provide little or no physical activity.

스포츠는 규칙 안에서 수행되는 경쟁적인 육체적 활동으로 정의할 수 있습니다. 모든 사회적인 체제처럼 스포츠에도 여러 가지 기능이 있어요. 예를 들어 모든 인구 계층을 위해 레저 활동을 제공하지요. 아, 현대 사회를 레저 사회라고 말하면 좀 과장된 것이지만 일하지 않는 시간이 크게 늘고 있고, 대부분의 사람들이 이용할 수 있지요. 저는 대부분의 업무가 육체적인 활동을 거의 제공해주지 않는 사회에서는 스포츠가 점점 필요할 것으로 생각합니다.

최상급 수준의 말하기 능력을 갖추기 위해서는 교육뿐만 아니라 다양한 언어 활동 경험이 필요하다. 여러 주제에 대해 해박한 지식을 갖고 협상자와 토론자로서 활동하기 위해서는 영어 학습 외에도 세상의 지식에 대한 폭넓은 학습이 필요하다.

초급, 중급, 상급, 최상급 수준의 말하기 특성을 이해하고 나는 어느 수준인지 진단해보자. 내 영어 수준을 높이기 위해서는 다음 수준에서 요구하는 영어를 공부해야 한다.

간단한 진단표로 파악하라

　제시한 진단표를 보고 초급-중급-상급-최상급 항목의 묻는 질문에 모두 자신있게 "Yes"라고 답하면 해당 등급의 말하기 능력을 갖고 있다고 판정한다. 다시 말하면, 초급부터 시작해서 "Yes"로 답할 수 없는 질문이 있는 등급의 바로 아래 등급이 자신의 말하기 등급으로 판정한다. 예를 들어 중급에서는 모든 질문에 'Yes'였는데 상급부터 'No'라면 당신의 등급은 중급이다.

　해당 등급에서의 세부 등급(상-중-하)과 중급에서의 상-중-하 판정에 대해 설명하면 다음과 같다. 상급 수준의 질문 중에서 20~30% 수준을 감당할 수 있다면 중급-하로 판정한다. 상급 수준을 50% 내외로 감당할 수 있다면 중급-중, 70~90% 수준이라면 중급-상이다.

등급	항목	체크
최상급	1. 시사적이고 전문적인 내용을 다루는 토론과 발표에 참여할 수 있는가?	
	2. 특정 의견을 지지하기 위해 구체적인 예시와 자료를 활용할 수 있는가?	
	3. 오류 없이 길게 전하고 싶은 의견을 지속시킬 수 있는가?	
	4. 구체적인 정보뿐만 아니라 추상적인 주제에 대해서도 의견을 낼 수 있는가?	
상급	1. 시제를 적절하게 관리하며 이야기를 서술할 수 있는가?	
	2. 일상적인 소재뿐만 아니라 복잡한 상황에 대해 표현할 수 있는가?	
	3. 문장을 나열하고 논리적으로 말할 수 있는가?	
	4. 시간이 허락된다면 얼마든지 상황과 사건을 구체적으로 말할 수 있는가?	
중급	1. 개인 정보를 제공하기 위해 문장을 나열할 수 있는가?	
	2. 친숙하고 다양한 소재에 대해 편안하게 말할 수 있는가?	
	3. 질문을 던지며 대화를 지속하고 대화를 마무리할 수 있는가?	
	4. 큰 오류 없이 어법을 지키며 대화할 수 있는가?	
초급	1. 기본적인 감정 표현과 의사 전달을 시도할 수 있는가?	
	2. 주로 단어나 암기된 문장 수준에서 의미를 전달할 수 있는가?	

한국어로도 자신의 말하기 수준이 어느 등급에 해당되는지 판단하고 싶을 때가 있다. 다음에 나오는 한국어 질문으로 자신의 한국어 말하기 능력 등급도 판정할 수 있다. 표 안에 각 등급에서 사용할 수 있는 한국어와 영어 질문을 각각 나열하였다.

등급	항목	체크
최상급	1. '존재는 교육의 과정이고, 교육은 존재의 과정이다.'라는 것에 대해 어떻게 생각하세요? 구체적인 사례를 통해 설명해주세요.	
	2. 북한 핵보유에 대해 여당이 너무 유보적인 자세를 취하는 것이 아닌가요? 어떤 입장이세요?	
	3. 환경 문제가 정말로 한국에서 심각한가요? 저는 잘 모르겠어요. 실제 환경 문제와 관련된 사건 사고가 있었나요? 실제 통계 자료나 사건을 예로 들어 저를 한 번 설득시켜보세요.	
	1. The United States is one of the world's most successful democracies and yet fewer than 50 percent of eligible voters participate in the election process. What might be some of the reasons why more citizens do not exercise the right to vote?	
	2. There is the dilemma facing many countries today, which is concerning the balance between economic growth and development and environmental protection. Discuss the dilemma and take a stand supporting your opinion.	
상급	1. 지금까지 가장 행복했던 일이 언제였죠? 그때 이야기를 해주세요.	
	2. 지난 여름에 ____에 다녀오셨다고요. 살고 있는 곳과 어떻게 다른지 자세히 말씀해주세요.	
	3. 사거리에서 싸움이 났다고요? 무슨 일이죠? 왜 싸웠죠?	
	1. You missed an important exam and have made an appointment with the teacher. Explain what happened and try to arrange for a make-up exam.	
	2. Tell us about the last sporting event that you watched. Give us as many details about the game as you can.	
중급	1. 어디에서 일하세요? 무슨 일을 하세요?	
	2. ____을 좋아하신다고요? _____에 대해 말씀해주세요.	
	3. 친한 친구에 대해 좀 더 자세히 말씀해주세요.	
	1. Where do you live now? How do you spell the name of the street?	
	2. What do you like to cook? Why do you like cooking those things?	
	3. How often do you go to the movies?	

초급	1. 학교에 버스로 가세요, 아니면 전철로 가세요?
	2. 수업이 무슨 요일에 있습니까?
	3. 가장 좋아하는 음식이 무엇입니까?

표 안의 질문을 이용하면 한국어든 영어든 자신의 영어 말하기 수준을 판정할 수 있다. 혼자 초급 질문부터 하나씩 응답해보자. 녹음해서 나중에 들어봐도 좋다. 소그룹으로 모여 한 사람씩 자신있게 자신만의 감정과 느낌을 표현하고, 상황과 사건을 서술하고, 의견을 구체적으로 나타낼 수 있는지 살펴보자.

어느 등급에서부터 할 말이 없어지고 침묵이 길어지는지, 자신이 생각해도 말도 안 되는 어휘나 구문을 사용하는지, 비슷한 내용만 반복하고 더 이상 부연할 것이 없는지, 오류가 빈번해지고 망설임과 침묵이 길어지는지 확인해보자. 바로 그 등급의 바로 아래 등급이 자신의 현재 말하기 등급이 된다. 예를 들어 중급 질문에서 무난히 대답했다면, 일단 중급은 통과다. 그런데 상급 질문에서 가장 행복했던 순간에 대해 설명을 하는데 1분 정도 이야기하니 할 말이 없어지고 오류가 계속 생긴다면, 중급이 당신의 현재 말하기 수준이다. 그리고 앞으로 해야 할 공부의 목표는 상급 수준의 말하기가 된다.

흥미롭게 중급 학습자들 중에서 중 · 상급 수준의 스토리텔링은 잘 못하는데 최상급 수준의 토론 질문은 잘 감당하는 경우가 있다. 성인 학습자라면 정치, 사회, 문화에 관한 토론을 좋아할 수 있고, 이러한 주제가 관심의 대상이 될 수 있으므로 꾸준히 연습하면 토론형 질문에 잘 적응하기도 한다. 그러나 실제 말하기 시험에서 이 학습자들은 중급으로 판정받는다. 운좋게 중급 이상으로 판정받는다고 해도 실제 영어 말하기 상황에서 상급 수준의 스토리텔링이 되지 않으면 발표와 토론 현장에서 한계를 느낄 것이다.

03

스토리텔링 학습 단계에서 목표를 발견하라

스토리텔링의 학습 단계는 크게 5단계로 구분할 수 있다. 다음 표를 통해 간략하게 이해할 수 있다. 이 수준은 자신의 영어 회화 등급, 인터뷰 시험 성적, 토익과 같은 시험 성적과 비례하지 않을 수 있다.

스토리텔링 학습 단계

1단계: 분류하기	가장 기초적인 단계다. 말하고 싶은 내용이 있지만 어휘 중심으로 사물이나 상황을 분류하는 수준이다. 같은 말을 반복적으로 사용한다.
2단계: 나열하기	하나의 주제를 중심으로 등장인물의 동작이 나열된다. 일반적으로 시간의 순서에 상관없이 여러 가지 정보가 산만하게 제공된다.
3단계: 연결하기	사건과 인물이 연결되어 주제가 선명하게 나타나지만 여전히 시간 순서와 인과 관계에 따라 이야기가 결속력 있게 구성되지 않는다.
4단계: 서술하기	사건이 시간 순서와 인과 관계에 따라 결속력 있게 서술된다. 인물과 상황 묘사도 구체적이다. '언제'와 '왜'에 대한 정보, '그러나'와 '왜냐하면'과 같은 부연 정보가 포함된다.
5단계: 상술하기	말하기 목적에 도달하기 위해 다양한 소재가 사용되면서 줄거리가 흥미진진하게 발전된다. 사건의 발단, 위기, 결말로 전개되는 구성력이 탄탄하고 스토리 전개 과정에서 감정도 적절하게 이입된다.

스토리텔링의 학습 단계에 따른 예시도 함께 살펴보자.

1단계 '분류하기'에서는 말하고 싶은 내용이 있더라도 명사와 동사로 사람이나 사물로만 분류할 수 있다. 반복적으로 동일한 어휘와 구문을 사용하는 수준으로 영어 말하기 공부가 막 시작된 단계다.

1단계 샘플

No, that's not my pencil. That's my pencil. That's her pencil. This is, and this is book....

아니야, 그건 내 연필이 아니야. 그건 내 연필이야. 그건 그녀의 연필이야. 그건, 그리고 그건 책인데….

2단계는 '나열하기'다. 이 수준이 되면 스토리 속 인물들의 행동을 나열할 수 있다. 다양한 활동을 표현하는 동사를 사용할 수 있고, 접속사를 사용해서 상황을 연결시킬 수 있다. 다만 시간의 순서나 원인과 결과에 따라 상황을 서술하지 못하고 산만하게 정보를 나열하여 스토리 속에서 주제를 찾기가 쉽지 않다.

2단계 샘플

My picture is a this. And it have, and it has kids with music. And there's some guy who's teaching them how to do music. And then trying to make it.

Some of them are not listening cuz that one's who's being, like (gestures) are doing that. This one's doing that. And so he broke the wire with the call the phone. He break it and the guy's drinking some soda. And they're doing their music concert. And the end.

내 그림은 이거야. 그리고 이건, 이건 음악하는 아이들이 있어. 그리고 그들에게 어떻게 연주를 하는지 가르쳐주는 남자가 몇 명 있어. 그리고 이해하려고 노력해.

그들 중에 일부는 어떤 한 학생 때문에 설명에 귀기울고 있지 않아, 그 애는 (몸동작으로 보여주며) 이런 행동을 하고 있거든. 이게 그가 하는 행동이야. 그리고 그는 전화기에 있는 수화기 선을 끊어버렸어. 그는 그것을 망가뜨리고 음료를 마시고 있지. 그리고 그들은 음악 콘서트를 하고 있어. 이게 다야.

3단계는 '연결하기'다. 사건이나 인물의 행위가 하나의 주제에 집중된다. 다음의 예문에서 주인공은 정원 이야기를 하면서 아버지, 강아지 똥, 분홍색 꽃, 할아버지, 할머니, 빨간색 꽃, 엄마의 물뿌리개에 관련된 활동을 집 옆 정원을 중심으로 나열하고 있다. 접속사뿐만 아니라 인물을 지칭하는 대명사를 사용해서 문장 간의 연계성을 높이고 있다.

I have a garden by my house. And, it, um, I have a dog. And my dad puts her poop in the garden. Yeah, because that's the only place we can put it. So he puts it in the garden. And we have some little pink flowers growing in there. And, um, they, um, my grandma and grampa came over. And they were going to check one day. And then we saw those red flowers and they were blooming. And, um, um, my mom always goes to the garden. And she takes a watering can and waters them so they grow. They grow, but not too often in the spring.

우리 집 옆에는 정원이 있어. 그리고, 이건, 아, 나에게는 강아지가 있어. 그리고 아빠는 강아지 똥을 정원에 둬. 음, 왜냐하면 그 장소가 우리가 강아지 똥을 둘 수 있는 유일한 장소거든. 그래서 그는 그것을 정원에 둬. 그리고 우리는 거기에 작은 분홍색 꽃들을 자라도록 해. 그리고, 음, 그들이, 그러니까, 우리 할머니와 할아버지가 들리셨어. 그리고 그들은 어느 날 확인하셨어. 그 다음에 우리는 그 빨간 꽃들을 봤고 그것들이 피어나고 있었어. 그리고, 음, 음, 우리 엄마는 항상 정원에 가서. 그리고 그녀는 그것들이 자라도록 물뿌리개로 물을 줬어. 그들은 봄에 그렇게 자라는 건 아니야.

4단계는 '서술하기'다. 3단계와 4단계의 가장 큰 차이는 4단계에는 '언제'와 '왜'에 대한 정보가 포함되어 있다는 점이다. 4단계에서는 시간적인 순서와 인과 관계에 따라 등장인물과 관련된 사건을 전개할 수 있다.

민간 설화를 요약한 다음의 스토리 샘플을 살펴보면 시간의 순서에 따라 사건이 서술되고, 궁궐을 찾아온 공주가 진짜 공주라고 믿은 이유도 설명하고 있다.

4단계 샘플

The prince wanted to get a real princess. It was not easy, and he was very sad. Then someone knocked on the castle door in the evening. It was the princess. She wanted to stay in the castle, and the old queen put a pea on the bed and the princess had to sleep there. A real princess cannot sleep well on a bed with pea. In the morning, she said she was sleepy because she hadn't slept well. Then the prince knew she was a real princess.

왕자는 진짜 공주를 만나기를 원했습니다. 그건 쉽지 않아서 왕자는 매우 슬펐습니다. 그때 누군가가 밤에 궁궐 문을 두드렸습니다. 공주였습니다. 그녀는 왕궁에서 머물기를 원해서 왕비는 침대에 콩을 넣었고 공주는 거기에서 잠을 자야 했습니다. 진짜 공주는 콩이 있는 침대에서 잠을 잘 들 수가 없습니다. 아침에 그녀는 잠을 잘 못 자서 졸리다고 말했습니다. 그때 왕자는 그녀가 진짜 공주라는 것을 알았습니다.

마지막으로 5단계 '상술하기'다. 이 단계에서는 기본 줄거리에 구체적인 내용을 더하고, 인물과 상황을 묘사할 수 있는 기술도 탁월해야 한다. 다음의 샘플을 살펴보자. 줄거리를 전달하는 수준에 그치는 것이 아니라 인용, 대사 처리를 직접 감당하면서 등장인물을 중심으로 스토리 내용을 전개시킬 수 있다. 사실 원어민이라도 5단계 수준의 스토리텔링을 하는 것은 쉽지 않다. 4단계 수준으로도 충분히 대화, 발표, 토론에서 스토리텔링 기술을 활용할 수 있으므로 초ㆍ중급 학습자들은 학습 목표를 4단계로 두는 것이 좋다.

As she looked up, she saw her mother. And mother said, "No wonder you're so sad. I must make your wish come true." And she did. And Carol said, "Don't you think my dress?" "It's wonderful!" her mother said again. And she looked at her. "Oh, good heavens, my child, you couldn't go in that." So they went out for shopping. In the evening, there finally stood a beautiful daughter in the most perfect gown. And Carol said, "This is wonderful. It's like a dream."

그녀가 올려봤을 때, 엄마를 봤어. 그리고 엄마는 "너가 그렇게 슬픈 건 당연한 거야. 내가 네 소원을 들어줄게."라고 말씀하셨어, 그리고 그렇게 해주었지. 그리고 캐럴은 "내 드레스는요?"이라고 말했어. 엄마는 "멋져!"라고 다시 말씀하셨어. 그리고 그녀를 처다봤어. "어이쿠, 내 정신이야, 그렇게 해서는 거기에 갈 수 없겠네." 그래서 그들은 쇼핑을 하러 나갔어. 그날 밤, 드디어 완벽한 옷을 입은 예쁜 딸이 서 있었어. 그리고 캐럴은 말했어, "정말 멋져요. 꿈꾸는 것 같아요."

대부분의 영어 말하기 학습자들은 스토리텔링 말하기에서 몇 단계로 판정받을까? 기업과 학교에서 수집한 영어 스토리텔링 샘플을 채점해보면 90% 이상이 2~3단계에 해당된다. 4단계가 되려면 '언제', '어디서', '누가'에 해당되는 배경 설명, 시간적인 순서에 따라 나열된 사건, 원인과 결과에 해당되는 논리적 내용 전개가 있어야 한다. 그러나 대부분 발음과 표현이 세련되어도 스토리텔링에 관한 한 3단계 이상을 통과하지 못하는 것이 현실이다.

진단표: 스토리텔링 학습 단계 진단해보기

- 이야기할 때 등장인물의 행동, 사물의 이름을 나열할 수 있습니까?
- 등장인물의 행동을 말할 때 동사를 적절하게 사용할 수 있습니까?

No → **1단계: 분류하기**

↓ Yes

- 등장인물과 사건 속에 이야기의 중심 주제가 있습니까?
- 등장인물을 지칭하는 대명사를 적절하게 사용할 수 있습니까?

No → **2단계: 나열하기**

↓ Yes

- 동사의 시제를 일관성 있게 사건의 발생 순서대로 전할 수 있습니까?
- 원인과 결과 관계가 이야기 속에 적절하게 있습니까?

No → **3단계: 연결하기**

↓ Yes

- 구체적인 목적에 도달하기 위해서 다양한 자료를 활용해서 이야기를 실감나게 전달할 수 있습니까?
- 듣는 사람들이 이야기의 처음부터 끝까지 줄거리에 집중할 수 있습니까?

No → **4단계: 정리하기**

↓ Yes

5단계: 상술하기

04

스토리텔링 기본 구성, 말하기 공부의 틀이다

스토리텔링 말하기 교육을 시작할 때 우선 스토리의 기본 구성 요소부터 숙지하도록 한다. 혼자 스토리텔링을 연습하거나 선생님들이 교육 과정을 기획하고 가르칠 때에도 스토리의 기본 구성 요소를 먼저 이해하고 검토해야 한다.

스토리의 기본 구성 요소는 크게 두 가지 유형으로 이해할 수 있다. 발단-위기-해결의 순서로 스토리 내용을 일직선으로 전개시키는 유형과 내용을 빙빙 돌려가며 스토리를 순환적으로 전개시키는 유형이다.

먼저 각각의 유형에서 일직선으로 혹은 직선적으로 내용을 전개시킨다는 말부터 이해하자. 영어로는 'linear'인데 '직선적' 혹은 '선형적'이라는 의미다. 즉 스토리를 처음부터 끝까지 순서대로 말한다는 뜻이다. 직선적 스토리텔링에는 등장인물과 배경에 대한 설명이 제시되며 어떤 사건과 갈등과 위기가 등장한다. 마지막에 사건이 종결되면서 인물의 감정이 이입되는 스토리텔링 유형이다.

다음 표는 앞에서 말한 직선적 스토리텔링의 기본 구성 요소를 시작-중간-마무리 구도로 간단하게 정리한 것이다.

직선적 스토리텔링 구조 1

시작	• 전체 스토리의 내용이나 성격을 간단하게 요약하며 듣는 사람이 이야기를 들으면서 가져야 할 태도를 암시한다. • 등장인물, 장소, 시간과 관련된 정보를 소개한다.
중간	• 시간 순서에 따라 사건이 하나씩 전개되는 부분이다. 이야기 전개가 최고점에 도달하거나 갑작스러운 전환이 있기도 한다. • 자신이 말한 것을 반복하거나 주제를 심화시키면서 이야기의 중요성을 강조하기도 하고 이야기에 관한 태도나 감정을 직접 표현하기도 한다. • 듣는 사람이 이야기 내용에 대한 가치를 확인하고 보다 흥미롭게 들을 수 있도록 이야기 속에서 이유와 배경을 표현하기도 한다.
마무리	• 이야기의 전개 과정에서 제기된 문제나 갈등이 해결된다. • 이야기의 시점이 이야기 발화 시점인 현재로 되돌려진다. 이야기가 말하는 사람에게 어떤 의미가 있는지 언급하기도 한다.

첫 수업 시간에 이렇게 기본 구성 요소에 따라 스토리를 연습하면 대부분의 학생들이 아주 곤혹스러워한다. 그런 연습을 해보지 않았다고 하면서 너무 어려울 것 같다고 걱정부터한다. 하지만 한 달이 지나기도 전에 큰 어려움 없이 스토리텔링의 기본 구조를 구성하게 된다. 사실 학생들은 소설, 영화, 자신의 이야기에 대해 말하거나 남의 이야기를 듣고 전하면서 자주 시작-중간-마무리의 직선적 스토리텔링을 연습했다. 영어로 말하는 것이 익숙하지 않았을 뿐이다.

《시작》

O.K. Ah, it's about an old man. His name is John, and he lived alone. His wife died and his only son and grandchildren worked in a different city. When Christmas was coming, John missed his loving family. But, ah, he can, could not meet them because he didn't have enough money to, to get the bus to see them. He was a poor man. A couple of days before Christmas Eve, John felt very lonely.

네. 아, 이건 어떤 노인에 대한 얘기입니다. 그의 이름은 존이고, 그는 혼자 살았습니다. 아내는 죽었고 유일한 아들과 손자들은 다른 도시에서 일하고 있죠. 크리스마스가 다가오자 존은 사랑하는 가족들이 보고 싶었습니다. 그런데, 아, 그는, 만, 만날 수 없었습니다. 왜냐하면 그들을 보기 위해 버스를 탈, 충분한 돈이 없었기 때문입니다. 그는 가난한 사람이었죠. 크리스마스 이브 며칠 전에 존은 정말 외로웠습니다.

《중간》

One day, John finished his work, and was going back home. He was very tired. Then he found a wallet near the apartment entrance. It looked an expensive wallet. It was late. It was cold. It was dark, and, and no one was there. When he picked up and opened the wallet, he found a good amount of cash inside it. A driver's licence was there, too. With that money, of course, John could go to his loving family. It was big enough money to get the bus to meet his family. But, all of sudden, the man on the driver licence looked sad to John. John thought he must be very sad because he lost his wallet before Christmas Eve. John couldn't take the money.

어느 날, 존은 일을 마치고, 집으로 돌아가고 있는 중이었습니다. 매우 피곤했습니다. 그때 그는 아파트 입구에서 지갑 하나를 발견했습니다. 비싸 보이는 지갑이었습니다. 늦은 시각이었습니다. 날씨도 추웠습니다. 어두웠고, 그리고, 그리고 아무도 그곳에 없었습니다. 그는 지갑을 주워 열었는데 그 안에 많은 금액의 돈이 있었습니다. 운전면허증도 있었습니다. 그 돈으로, 물론, 존은 사랑하는 가족에게 갈 수 있었습니다. 가족을 만나기 위해 버스를 타기에 충분한 돈이었습니다. 그런데, 갑자기, 면허증 위의 남자가 존에게는 슬퍼 보였습니다. 존은 그가 크리스마스 이브 전에 지갑을 잃어버렸기 때문에 매우 슬플 것이라고 생각했습니다. 존은 돈을 가질 수 없었습니다.

《마무리》

John decided to return the wallet to its owner. Next day, John found the wallet's owner with the address on the driving licence. The owner was so happy to get his wallet back. He appreciated John's kindness and gave him the $200 as a, a, kind of, thank-you sign. John was so happy. That money was enough to buy a bus ticket to meet his family. He could meet his son and his grandchildren on Christmas day. Honesty is not always magical, but sometimes it pays off. It worked for John.

존은 지갑을 주인에게 돌려주기로 결심했습니다. 다음 날, 존은 운전면허증 위의 주소로 지갑 주인을 찾았습니다. 주인은 지갑을 다시 찾게 되어 너무 기뻤습니다. 그는 존의 친절에 감사했고 그에게, 어, 어, 일종의 감사 표시로 200불을 주었습니다. 존은 정말 기뻤습니다. 그 돈은 가족을 만나기 위해 버스표를 사기에 충분했습니다. 그는 크리스마스 날 아들과 손자들을 만날 수 있었습니다. 정직이 항상 기적을 낳지는 않지만 가끔은 보상을 합니다. 존에겐 통했습니다.

흔히 들을 수 있는 이야기의 구도다. 어떤 상황 속에 등장인물이 있고, 사건 발생에 대한 고민과 위기가 있다가 결국 마무리된다. 앞의 이야기는 직선적으로 서술되면서 사건의 배경 속에 가난한 노인 존이 등장한다. 존에게 시간 순서대로 어떤 일이 발생했고, 어떻게 해결되었는지 이야기의 기본적인 요소가 전달된다. 이렇게 직선의 구조로 내용을 차근차근 전개시키는 연습이 한국인 학습자에게 부족하다. 많은 학습자들이 간단한 이야기 속에서도 도입부가 빈약하고, 문제나 갈등을 충분히 제시하지 못하며, 갑작스럽게 이야기를 끝낸다. 이것은 발음이나 어휘, 문법과 표현에 대한 학습이 부족해서 생긴 문제가 아니라 이야기를 전체적으로 구성하는 연습을 하지 않은 탓이다.

다른 방향에서 일직선의 스토리텔링을 이해해보자. 에피소드를 일직선으로 구성한다는 것은 다음의 세 가지 구성 요소가 있다는 의미다. 스토리가 직선적으로 완성된다는 의미는 어떤 사건이나 심리적인 반응이 사건 해결과 직접적 결과로 연결되는 것을 말한다. 일반적으로 하나의 스토리를 말할 때 다음의 세 가지 기본 요소 중 어느 하나만 빠져도 어색하다.

사건의 도입 혹은 내적 반응	• 등장인물의 행동과 사건에 대한 인식, 물리적 환경의 변화가 시작되는 부분이다. • 등장인물의 감정, 목적, 열망, 의도 또는 일련의 줄거리를 이끄는 생각이 제공된다.
사건 해결을 위한 시도	• 상황을 해결하거나 목적을 이루고자 하는 행위가 제공된다.
결과	• 목적을 이루기 위한 등장인물의 행위가 성공 또는 실패한다. 결과의 상황이 제시된다.

예시 샘플은 다음과 같다. 배드민턴 경기와 부족한 자신의 실력에 대한 사건을 도입하고, 게임에 승리하게 된 사건 해결 정보와 경기 결과를 차례로 제공하면서 구성력 있는 스토리가 완성된다.

직선적 스토리텔링 샘플 2

≪사건의 도입 혹은 내적 반응≫

Well, the things that come up to my memory will be the time when I won a tournament when I was very young, when I was in the sixth grade. I was very young, but I was quite good and talented in badminton.

글쎄요, 제 기억에 떠오르는 건, 제가 6학년 때, 제가 아주 어릴 때, 토너먼트에서 승리한 때입니다. 저는 아주 어렸지만, 배드민턴을 아주 잘했고, 재능이 있었어요.

≪사건 해결을 위한 시도≫

I participated in the International Badminton Tournament. It was a cup tie and I had my sight set on the number one. I was so nervous then, because the competitor was also a favorite to win. The competitor looked so skillful and confident, and she dominated the floor all the time. However, I was lucky. She got injured in her semi-final match and I seized the opportunity to win the cup.

국제 배드민턴 토너먼트에 참가했어요. 우승배 쟁탈전이었는데 저는 우승을 목표로 했어요. 그때 상대방이 우승 후보였기 때문에 정말 긴장했었죠. 상대방은 정말 기술이 뛰어나고 자신감이 넘쳐 보였고, 항상 경기장을 압도했죠. 그런데 저는 운이 좋았어요. 그녀가 준결승전에서 부상을 당하고 제가 우승할 기회를 잡은 거죠.

《결과》

So I did win the tournament. Ehh, that was in Malaysia. And that will be the most memorable time. And, after that, I don't think I really got a chance to play badminton at all. But winning is always memorable, and it's really a great experience. After the winning, I became a very popular student at school. I remembered my parents smiling at me all the time. It made me feel very special. I cannot forget the game.

그래서 저는 토너먼트에서 이겼죠. 어, 그건 말레이시아에서 있었던 것입니다. 그리고 가장 기억에 남는 순간입니다. 그리고, 그 이후에는 배드민턴 경기를 할 기회가 없었던 것 같아요. 그래도 그 승리가 항상 기억에 나고 정말 멋진 경험이죠. 승리 후, 저는 학교에서 정말 인기 있는 학생이 되었어요. 제 부모님이 항상 미소 지으시던 기억이 납니다. 그건 저에게 정말 특별한 느낌을 갖게 했어요. 그 경기를 잊을 수 없어요.

이제 순환적으로 진행시키는 스토리텔링에 대해 알아보자. 직선적인 스토리 구조에서는 문제 발생 후 해결이 내용 전개의 중심이지만, 순환적인 스토리 구조는 발생한 사건 자체에 비중을 더 둔다. 사건에 중심 에피소드를 부연할 때 의식적으로 순환적 스토리텔링이 필요하다. 연설, 발표에서는 강조와 반복을 위해 언급한 사건을 계속 확장하거나 변형하면서 서술할 수 있다.

일반적으로 순환적 스토리는 서문, 도입부, 확장부, 종결부로 구성된다. 서문을 반드시 제시해야 하는 것은 아니지만, 주제문 역할과 등장인물의 소개와 전체에 해당되는 주제를 제시하여 이야기를 시작할 수 있다. 이야기 내용은 도입부-확장부-종결부로 전개되는데 각 단계의 기능을 살펴보면 다음과 같다.

도입부	• 이야기 주제를 소개하는 사건이 등장한다.
확장부	• 도입부에 언급된 사건이 반복되면서, 사건 정보가 변형 또는 확장된다.
종결부	• 이야기의 나머지 부분을 성찰하며 언급된 사건의 마지막으로 변형 또는 확장된다.

예시 샘플을 하나만 제시하면 다음과 같다. 직선적 스토리텔링에서 설명한 '배경-사건 전개-갈등-사건 해결-결말'의 롤러코스터 구조라면 선형적 스토리텔링은 사건 주제가 반복적으로 내용을 확대되면서 변형되는 것이 특징이다.

《도입부》

Hhhu... ah, I think, ya, ah, we visited the Kyung-Ju. Do you know Kyung-Ju city? Kyung-Ju is the capital of Shilla dynasty. There are many historic, ah, historic things, historic things in the Kyung-Ju. There are many museums in the Kyung-Ju, ya. I went to Kyung-Ju Art Museum with my family. It offered an excellent opportunity to see historic relics.

어… 아, 제 생각에는, 음, 아, 우리는 경주를 방문했습니다. 경주를 아세요? 경주는 신라의 수도입니다. 많은 역사적인, 아, 역사적인 것들, 역사적인 것들이 경주에 있습니다. 경주에는, 아, 많은 박물관이 있어요. 저는 가족과 경주 미술 박물관을 방문했습니다. 역사적 유물을 볼 수 있는 멋진 기회였습니다.

《확장부》

There are many paintings and, ah, king had and, Dojaki. My daughter is very, ah, curious, ah, to see their monuments. I think the purpose to visit the Kyung-Ju, ya, I wanted to, ah, explain about Shilla dynasty, ah, history, to, with my, to my daughter. In the museum, she watched a short animation film about Shilla dynasty. She was interested in what curators said about remains of Shilla. My daughter, ah, understand, understood about, uh, Shilla dynasty history, ya. That opportunity, visiting opportunity, ya, I think she interesting.

많은 그림들이 있습니다, 아, 왕이 가졌던, 도자기요. 제 딸은 매우, 아, 그런 유물을 구경하는 것에 대해, 아, 알고 싶어해요. 제 생각에 경주를 방문한 목적은, 아, 신라 왕조, 아, 역사에 대해, 에게, 저의 제 딸에게 설명하기를 원했거든요. 박물관에서 제 딸은 신라 왕조에 대한 짧은 애니메이션을 봤어요. 제 딸은 큐레이터가 신라 유물에 대해 말하는 것에 관심을 가졌습니다. 제 딸이, 아, 이해했어요, 어, 신라 왕조의 역사에 대해 말입니다, 예. 그 기회는, 방문의 기회는, 예. 제 딸 아이가 흥미로워한 것 같아요.

《종결부》

I like to read history books with my family, but it was much more enjoyable to visit museums than to read books. I am so happy to see my daughter love the museums. My wife and I decided to visit more museums this year.

저는 가족과 역사책 읽는 걸 좋아하지만, 책 읽는 것보다 박물관 방문하는 것이 더 재미있었죠. 제 딸이 박물관 좋아하는 것을 보니 정말 행복해요. 아내와 저는 올해 박물관을 더 다니기로 결심했어요.

도입부에서 말한 '가족과 함께 갔었던 경주 여행'에 대해 확장부에서 다시 반복하고 있다. 딸이 박물관에서 신라 왕조에 관한 애니메이션을 본 것, 자신이 딸에게 설명한 것 등을 언급하면서 경주 박물관 방문에 관한 사건을 정보로 확장하고 있다. 그러다가 종결부에서 책을 읽는 것보다 박물관에 직접 방문하는 것이 더 좋았으며, 딸이 행복해해서 아내와 결심하게 된 내용과 여행의 의미를 되새기며 마무리한다.

05

등장인물로 스토리를 살려라

처음 스토리텔링을 연습할 때에는 줄거리에 집착하게 된다. 처음부터 끝까지 완성된 줄거리를 말하는 연습은 필요하지만 줄거리에만 집중하면 전달력이 약해질 수 있다. 스토리를 듣는 사람들이 가장 주목하는 것은 등장인물과 그들의 행동이므로 등장인물을 중심으로 말해보는 연습이 필요하다. 줄거리는 바로 그 등장인물이 끌어가는 것이며, 인물의 배경과 특성, 인물이 하는 행동과 사건, 인물간의 관계와 갈등, 인물이 감당하는 문제 해결에서 파생되는 요소가 바로 줄거리다.

인물 중심의 스토리텔링은 다음의 4가지 중심 요소들로 구성된다. 첫 번째, 모든 스토리의 중심 역할을 하는 등장인물이다. 스토리 속 등장인물의 이름, 외모, 직업, 성격, 나이, 습관, 변화, 계획, 희망, 꿈, 반복적인 업무, 근심 등은 스토리텔링을 시작할 때 중요한 인상을 제공한다. 또한 이러한 특정 정보를 선택하여 의도적으로 첫인상을 만들 수도 있다. 예를 들어 새로 사귄 남자친구의 이야기를 전할 때 남자친구의 성격과 외모를 설명하면서 이미 말하고 싶은 것을 암시할 수 있다. 그저 "착하고 좋은 사람이야.", " 평범한 직장인이야."라는 일반적인 정보로는 인물 중심의 이야기를 전달할 수 없다.

두 번째, 목적이다. 스토리텔링의 목적은 스토리 속 등장 인물의 목표이기도 하다. 만약 등장인물에게 목표가 없고 스토리에서 원하는 것이 없다면, 그 목표를 위해 노력하거나 방해물을 이겨내기 위해 싸울 필요도 없다. 즉 갈등과 해결의 필요성이 사라진다. 목표가 있으면 항상 위험 부담이 존재하며, 이러한 갈등의 이유가 바로 등장인물의 목표이기도 하다. 예를 들어 이직, 다이어트 성공, 자기계발, 원활한 인간관계 등이 등장인물이 설정한 스토리텔링의 목표가 될 수 있다. 우리는 다양한 목표를 실현하기 위해서 산다고 할 수 있는데 말하기를 할 때에도 등장인물이 원하는 것을 구체적으로 언급할 때 생생한 느낌을 전달할 수 있다. "내가 너무 기분이 우울해서 코미디 영화를 남자친구와 보았는데 너무 재미있는 시간을 극장에서 보냈어."라고 등장하는 인물이 원하는 것, 즉 기분을 전환하기 위해 영화를 본다는 구체적인 목표를 언급하는 것이 인물 중심의 스토리텔링이다.

세 번째, 갈등이다. 갈등은 등장인물이 원하는 것을 방해한다. 스토리의 내용이 전개되면서 등장인물들의 목표가 알려지고 그 목표에 도달하는 과정에서 크고 작은 갈등을 겪게 된다. 이러한 갈등은 외부에서 오는 장애물이기도 하지만 내부적으로 겪는 두려움, 미움, 복수심, 미신, 분노, 태만, 겁, 편견, 낮은 자존감 등의 감정일 수도 있다. 예를 들어 "나는 대학에서 물리학을 공부하고 싶었다. 지금 나는 물리학을 공부하고 있다."라고 말하면 밋밋하지만 중간에 "부모님은 나를 의과대학에 입학시켰어."라는 문장 하나만 넣으면 이야기의 흐름이 달라진다.

스토리텔링을 잘하려면 등장인물들이 겪는 문제점이나 결함을 극대화시킬 줄 알아야 한다. 갈등이 커지면 목표도 더욱 분명해지고, 등장인물의 핵심 정보를 극대화시킬 수 있다. 이렇게 등장인물이 살면 스토리도 살게 되므로 의도적으로 갈등 국면을 강조할 수 있다. 반면 스토리에 갈등과 위험 정보가 없으면 길이도 짧아지고 내용이 평면적이어서 집중력을 유도하기 어렵다.

마지막으로 등장인물의 분투와 수고다. 스토리 속 등장 인물에게 목표와 갈등이 있다면 문제나 위험 요소와 싸울 수 있다. 또한 행동만큼이나 반응도 스토리 전개에서 중요하다. 반응하고 행동하는 것은 갈등을 극복하기 위한 등장인물들의 자연스러운 행동이다. 스토리텔링을 잘하기 위해서는 등장인물들이 어떤 목표에 도달하기 위해 어떤 행동을 감행하는지 구체적인 행동으로 스토리를 전개시켜야 한다.

성공적인 스토리텔링에서는 등장인물을 통해 그들의 목적과 갈등, 싸움이 자연스럽게 제시된다. 줄거리는 등장인물간의 갈등과 다툼으로부터 조정되며, 배경은 등장인물의 필요에 의해 정의된다. 다음의 표를 통해 각 요소들을 간단하게 정리했다.

인물 중심의 스토리텔링 요소

등장인물	• 등장인물의 이름, 외모, 직업, 성격, 나이, 습관, 변화, 계획, 희망, 꿈, 반복적인 업무, 근심
목적	• 더 나은 직장으로 이직, 건강 관리, 다이어트 성공, 자기계발 등 자신이나 스토리 속 등장인물의 목표 • 충돌, 갈등 등이 발생하는 이유
갈등	• 외부 혹은 내적인 갈등과 위험 • 목표 달성을 방해하는 훼방꾼, 심리적으로 겪는 두려움, 미움, 낮은 자존감
분투	• 문제, 결함, 위험 요소에 대한 등장인물의 분투와 수고

　따라서 인물 중심의 스토리텔링을 연습하려면 등장인물을 소개하는 연습부터 해야 한다. 스토리를 전할 때 목표와 의도를 구체적으로 언급하고 등장인물이 겪는 갈등과 위험 정보를 의식적으로 제시할 필요가 있다. 감정을 이입시켜 스토리를 전하면 더욱 효과적이므로 등장인물이 행동하고 그 행동에 다른 등장인물이 반응하는 식으로 스토리를 연결하는 것이 좋다.

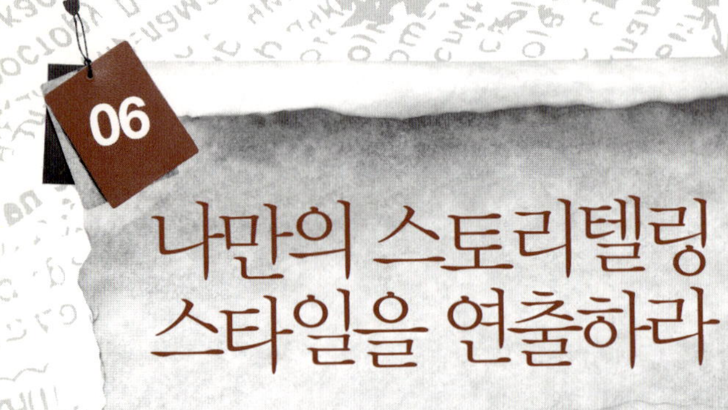

나만의 스토리텔링 스타일을 연출하라

스토리텔링은 일상적인 말하기 활동이므로 말하기 연습을 하는 것도 중요하지만 자신의 말하기 스타일부터 파악할 필요가 있다. 스토리텔링 스타일은 구연 동화 전문가나 공식적인 발표를 전담하는 사람들만의 문제가 아니다. 자신만의 스타일로 옷을 입는 것처럼, 자신의 스토리텔링의 스타일에 대해 적극적인 관심을 가져보자.

영어 말하기 전문가로 활동하지 않아도 다른 사람들에게 좀 더 잘 기억될 수 있는 스토리를 전할 수 있지 않을까? 스토리텔링은 일상적인 언어 활동이기 때문에 과장된 몸짓을 연출하지 않아도 된다. 다만 자신이 어떤 스토리를 선호하며, 어떻게 스토리를 전하는 것이 편한지 떠올려보자. 자신의 스토리텔링 스타일을 파악하려면 자신이 말하는 것을 녹음하거나 녹화하여 다음과 같은 기준에 따라 검토할 수 있다.

☐ 어떤 화제에 대해 자연스럽게 말할 수 있는가?

☐ 과거의 경험에 대해 편하게 전할 수 있는가?

☐ 어떤 분야의 정보를 선호하며 어떻게 스토리를 전개할 수 있는가?

□ 이야기를 전할 때 목소리의 높낮이에 변화가 있는가?

□ 목소리에 리듬감이 있는가?

□ 상대방의 눈을 맞추고 있는가?

□ 이야기 속의 분위기에 따라 얼굴 표정에 변화가 있는가?

□ 사물과 상황을 묘사하기 위한 몸동작의 사용 정도는 어떠한가?

□ 등장인물의 목소리를 흉내내기도 하는가?

□ 이야기를 전하면서 불안할 때 어떤 자세를 취하는가?

□ 과장되게 말하거나 목소리를 크게 내기도 하는가?

□ 이야기 내용을 잊어버리거나 잘 모를 때 어떻게 끝내는가?

□ 결론을 급하게 맺기 위해 말의 속도가 빨라지는가?

□ 불필요하게 몸을 좌우나 앞뒤로 흔드는가?

대부분 말하기는 내용에 집중하고 말하기 스타일에 대해서는 크게 신경 쓰지 않으므로 앞에서 제시한 질문이 생소할 수 있다. 그러나 스타일 진단표를 활용하여 자신의 스토리텔링 스타일을 먼저 파악할 필요가 있다. 앞에서 제시한 스토리텔링의 기본 요소를 잘 이해했다고 해도 실제 스토리텔링에서 좋지 않은 말하기 습관은 듣는 사람들에게 불편함을 줄 수 있다.

다음은 스토리 구성 연습과 코칭을 위한 진단표다. 앞의 설명을 기반으로 진단표를 활용해보자.

Building편 진단표는 스토리 기본 구조를 갖고 처음부터 끝까지 말을 해보는 'Story-Building' 연습에 사용할 수 있다. 이 진단표를 직선형과 순환형으로 나누었다. 이 연습을 마치면 줄거리가 아니라 등장인물 중심으로 스토리텔링하는 'Characterizing' 연습이 필요하다.

Character편 진단표는 인물 중심의 스토리텔링 점검표로 사용될 수 있다. 처음부터 끝까지 줄거리를 물처럼 흐르듯 말하는 연습을 위해 필요하다. 그러나 인물을 살리는 스토리텔링 연습을 하지 않으면 줄거리에만 지나치게 연연하게 되고 그렇게 되면 등장인물이 생생히 살아나지 못하는 무료한 이야기가 될 수 있다.

Style편 진단표는 스토리텔링 스타일을 점검할 수 있는 항목으로 구성되어 있다.

우선 스토리의 골격을 구성하는 기본 진단표다. 시작-중간-끝 순서대로 흘러가는 물처럼 이야기의 내용을 구성하자.

스토리 구성 연습을 위한 진단표(Building편)

스토리 구성 요소를 잘 반영할 수 있나요? - 직선형 l

0 = 전혀 안 됩니다, l = 잘 되지 않습니다, 2 = 가끔 됩니다, 3 = 잘 됩니다

기준	당신은…	0	1	2	3
시작	l. 배경 장소에 대해 언급합니까?				
	2. 배경 시간에 대해 언급합니까?				
	3. 등장인물이 누구인지 구체적으로 언급합니까?				
	4. 어떤 이야기인지 기본 정보를 제공합니까?				
중간	l. 갈등이나 위기로 사건을 전개시킵니까?				
	2. 사건 속에 여러 가지 활동이 나열됩니까?				
	3. 사건에 대한 본인의 느낌이나 의견을 말합니까?				
	4. 사건 속 등장인물의 느낌이나 생각을 말합니까?				
마무리	l. 갈등이나 위기가 어떻게 해결되었는지 말합니까?				
	2. 해결을 요약하면서 어떤 결론을 제시하거나 다가올 수 있는 어떤 일을 예상해봅니까?				
	3. 이야기가 어떤 의미나 가치가 있는지 언급합니까?				

이번에는 스토리 안에 배경과 사건의 도입, 반응과 시도, 결과의 내용을 기본적으로 포함하고 있는지 살펴보자.

스토리 구성 연습을 위한 진단표(Building편)

스토리 구성 요소를 잘 반영할 수 있나요? – 직선형 II
0 = 전혀 안 됩니다, 1 = 잘 되지 않습니다, 2 = 가끔 됩니다, 3 = 잘 됩니다

기준	당신은…	0	1	2	3
배경과 사건도입	1. 배경 장소와 시간에 대해 언급합니까?				
	2. 등장인물이 누구인지 언급합니까?				
	3. 등장인물의 행동이 시작됩니까?				
	4. 사건이 도입되고 새로운 변화가 시작됩니까?				
내적 반응과 시도	1. 사건에 관한 등장인물의 감정, 의도, 혹은 생각이 제공됩니까?				
	2. 상황을 해결하거나 목적을 이루려는 행동이 제공됩니까?				
결과	1. 등장인물의 행동이 성공하거나 실패했는지 언급됩니까?				
	2. 등장인물이 결과에 대해 어떻게 느끼고 생각하는지 언급됩니까?				

스토리 내용이 직선적으로 흘러가지 않고 순환적으로 빙빙 돌려서 주제를 확장시킨다면 다음 진단표를 사용해보자.

스토리 구성 연습을 위한 진단표(Building편)

스토리 구성 요소를 잘 반영할 수 있나요? - 순환형
0 = 전혀 안 됩니다, 1 = 잘 되지 않습니다, 2 = 가끔 됩니다, 3 = 잘 됩니다

기준	당신은…	0	1	2	3
도입부	1. 사건의 배경에 대해 언급합니까?				
	2. 등장인물이 누구인지 구체적으로 언급합니까?				
	3. 중심 사건을 소개하고 있습니까?				
	4. 이야기의 주제를 소개하고 있습니까?				
확장부	1. 도입부에서 언급한 사건을 구체적으로 설명하거나 다른 관점에서 언급합니까?				
	2. 사건 속의 등장인물의 활동이 구체적으로 나열됩니까?				
	3. 사건에 대한 본인의 느낌이나 의견을 말합니까?				
	4. 사건 속 등장인물의 느낌이나 생각을 말합니까?				
종결부	1. 앞에서 언급한 사건을 한 번 더 언급합니까?				
	2. 이야기가 어떤 의미나 가치가 있는지 언급합니까?				

이제는 스토리의 기본 줄거리보다 인물 중심으로 스토리를 연결할 수 있는지 알아보자.

이야기 구성 연습 진단표(Character편)

인물 중심으로 스토리를 구성할 수 있나요?

0 = 전혀 안 됩니다, 1 = 잘 되지 않습니다, 2 = 가끔 됩니다, 3 = 잘 됩니다

기준	당신은…	0	1	2	3
첫인상	1. 주요 등장인물의 성별에 대해 언급합니까?				
	2. 주요 등장인물의 이름, 별명 등을 사용하나요?				
	3. 주요 등장인물의 외모에 대한 특징을 언급합니까?				
목표	1. 등장인물의 성격을 암시하거나 직접적으로 설명합니까?				
	2. 주요 등장인물이 무엇을 하기 원하는지 혹은 무엇을 갖고 싶어하는지 언급합니까?				
	3. 주요 등장인물이 하고 싶거나 갖고 싶은 것에 대해 구체적인 이유나 동기를 설명합니까?				
갈등	1. 등장인물의 구체적인 갈등이나 위기를 언급합니까?				
	2. 누가, 왜 주인공에게 갈등이나 위기를 제공하는지 언급합니까?				
	3. 갈등이나 위기를 한 번으로 끝내지 않고 내용 속에서 계속 연결시키나요?				
결과	1. 등장인물이 어떤 활동을 하면서 갈등이나 위기가 극복되는지 언급합니까?				
	2. 갈등이나 위기가 극복되며 어떤 결과가 등장인물에게 나타나는지 언급합니까?				
	3. 등장인물이 결과에 대해 어떻게 느끼고 생각하는지 언급합니까?				
	4. 등장인물이 갈등과 위기를 지나면서 심정 상태와 반응을 구체적으로 언급합니까?				

마지막으로 자신만의 스토리텔링 스타일을 다음 진단표의 질문으로 파악해보자. 자신의 녹음이나 녹화 자료가 있다면 더 적절한 판단을 할 수 있다.

이야기 구성 연습 진단표(Style편)

자신의 스타일로 스토리를 전개시킬 수 있나요?
0 = 전혀 안 됩니다, 1 = 잘 되지 않습니다, 2 = 가끔 됩니다, 3 = 잘 됩니다

기준	당신은…	0	1	2	3
스타일 일반	1. 친구들이나 가족에게 일상적인 이야기를 즐겁게 전합니까?				
	2. 적극적으로 이야기를 말할 기회를 여러 곳에서 찾아봅니까?				
	3. 자신의 감정을 이입하여 등장인물 중심으로 이야기를 전합니까?				
목소리	1. 말을 할 때 속도, 크기, 억양을 때에 따라 다르게 처리할 수 있습니까?				
	2. 목소리에 열정이 담겨 있습니까?				
	3. 소리를 이용해서 등장인물의 감정을 전달합니까?				
	4. 등장인물의 목소리를 상상하며 흉내냅니까?				
몸동작	1. 말을 할 때 자연스러운 몸동작을 사용합니까?				
	2. 말을 할 때 자연스러운 손동작을 사용합니까?				
	3. 등장인물의 행동을 흉내내며 말합니까?				
	4. 자연스럽게 옮겨 다니거나 몸을 돌려가면서 말합니까?				
	5. 웃음을 띠며 표정을 밝게 말합니까?				
	6. 듣는 사람들에게 몸을 기울이며 말합니까?				
구상력	1. 듣는 사람들 마음속에 등장인물을 상상할 수 있게 합니까?				
	2. 알고 있는 정보에서 새로운 정보를 보태어 보다 창의적인 내용으로 구상합니까?				
	3. 인용과 직접 대화 형식을 사용하며 실감나게 내용을 전개시킵니까?				

스토리텔링, 공부법이 아니라 습관이다!

스토리텔링 공부의 장점은 참 많다. 누구나 쉽게 시작할 수 있고, 혼자서 연습할 수 있지만 함께하면 더 즐겁다. 원어민 선생님이 없어도 되고, CNN이나 AP 뉴스처럼 익숙하지 않거나 어려운 내용을 읽고 따라 말하는 공부도 아니다. 일상 소재인 자신의 스토리를 활용할 수 있고, 자신이 스토리의 주인공이 되어서 반복적으로 연습할 수 있다. 길게 말하는 연습도 할 수 있지만 짧게 스토리를 구성해볼 수도 있다.

학생이나 직장인들이 영어 말하기 공부를 할 때 우선 비용에 대해 고민하기도 한다. 어학연수는 고사하고 영어마을, 원어민 회화 수업에 등록하려면 만만치 않은 투자를 결심해야 한다. 어렵게 등록을 결정한 후에도 잘 모르는 학생들이나 선생님과 익숙하지 않은 내용에 대해 이런저런 말을 해보는 것이 불편할 수 있다. 그뿐인가? 어디를 가든 영어를 잘하는 동료들은 꼭 있으니 종종 자신은 병풍 역할만 하다가 수업을 마치기도 한다. 좀 더 주목받으며 말하는 연습을 해보고 싶은데 그런 곳을 찾는 것도 그리 쉽지 않다.

Part 3에서는 기존 공부법의 대안을 제시할 것이다. 스토리텔링 수첩에 자신이 말하고 싶은 스토리 소재를 구성하고, 스토리텔링 클럽을 구성해서 동료끼리 서로 코칭하고, 서로의 말하기 샘플을 전사하고 분석하는 요령을 알아보자.

Part
3단계
[연습 방식]

01

스토리 수첩부터 만들어라

아직도 원어민 선생님이 묻는 말에 빙긋 웃으며 단답형으로 대답하는 인터뷰식 영어 회화 수업을 받고 있는가? 이제 스토리텔링으로 영어 말하기 학습을 해보자! 다시 말하지만 내가 직접 경험한 것과 내가 만난 사람과 사건을 스토리로 전하는 연습을 직접 해야만 영어 말하기 초급 단계에서 벗어날 수 있다. Part 2에서 스토리텔링을 구성하는 기본 요소에 대해 알아봤으니 이제 스토리텔링 영어 말하기 공부를 시작하면 된다.

그렇다면 당장 어떤 스토리로 연습을 시작해야 할까? 우선 자신이 좋아하는 스토리의 소재를 나열해보자. 소설, 영화, TV 드라마, 무엇이든 관심이 있거나 좋아하는 이야깃거리를 '스토리 수첩'에 적어두는 것이 좋다. 작은 수첩을 준비해서 스토리 제목, 출처, 스토리텔링을 시도한 장소와 시간, 자기 진단과 동료 코멘트를 적을 수 있는 항목을 만들어 항상 가지고 다니면서 스토리 말하기 연습을 해본 후 자신의 장단점을 기록해두자.

영어 말하기 학습 초보자라면 창작해서 말하는 것보다 이미 읽거나 본 내용을 'Re-telling(다시-말하기)'하는 것, 즉 요약하듯 다시 전달하는 연습이 필요하다. 이때 가장 중요한 연습 포인트는 말하고 싶은 것을 끝까지 길게 말해보는 '지구력 연습'이다. 처음에는 힘들지만 계속 길게 끝까지 말해보는 연습을 하면 자신의 long-run talk의 장단점을 파악할 수 있다. 스토리 수첩에 스토리의 소재를 채우면서 Part 2의 진단표를 통해 스토리텔링을 계속 연습해보자.

스토리 수첩 Re-telling 연습

스토리 제목	출처	장소와 시간	진단
1) 하얀거탑	방송드라마, 2007	스토리텔링 스터디 C조, 2008. 1. 21. 월요일	What is "하얀거탑" in English? 장준혁 과장에 대한 인물 묘사가 어려웠다. 이기적인 성격이지만 멋지다는 표현이 떠오르지 않았다. 어휘를 좀 더 찾아보고 다시 발표해보자.
2) 영어 한 줄 변화 한 조각 (Who moved my cheese?)	넥서스, 2009	대학 영어 과목 -presentation	5분 동안 혼자서 줄거리를 끝까지 말해본 시간이었다. 떨렸지만 처음부터 끝까지 하고 싶은 말을 다 했다. 몇몇 학생들이 고개를 끄덕이는 모습에 자신이 생겼다. 시간이 더 주어진다면 줄거리를 완성할 수 있다.
3)			
4)			
5)			
6)			
7)			
8)			
9)			
10)			

Re-telling 연습이 어느 정도 진행되면 자신의 경험 중에서 인상 깊었던 것을 스토리 수첩에 기록해보자. 이제 남의 이야기를 전하는 Re-telling 수준이 아니라 직접 자신에 대해 말하는 스토리텔링 연습을 하는 것이다.

아래 스토리 수첩의 내용처럼 자신의 경험 중에서 가장 말하고 싶은 것을 먼저 정리하는 것이 좋다. 영어 말하기의 핵심은 말하는 내용이므로 그것의 내용이 잘 정리되어 있어야 하고, 풍성해야 한다. 막상 영어를 말할 때 소재가 떠오르지 않아 말을 못하는 경우가 있으므로 자신만의 이야깃거리를 그때그때 정리해놓고 영어로 연습하는 습관을 가져라.

스토리 수첩 나만의 스토리 뱅크 만들기

장소	문제 발생	감정	사람
가장 좋아하는 음식점 ( )	가장 몸이 아팠을 때 ( )	가장 두려웠던 순간 ( )	가장 사랑하는 사람 ( )
이사 가고 싶은 동네 ( )	길을 잃어버린 기억 ( )	가장 행복했던 순간 ( )	가장 싫어하는 사람 ( )
주로 산책을 하는 곳 ( )	지금까지 최악의 실수 ( )	가장 당황했던 순간 ( )	가장 좋아하는 연예인 ( )
가장 좋았던 데이트 장소 ( )	새로 산 물건에 문제가 발생할 때 ( )	가장 슬펐던 순간 ( )	가장 존경하는 role model ( )
내년에 여행하고 싶은 관광지 ( )	하기 싫은 일을 해야 할 때 ( )	가장 우스웠던 순간 ( )	함께 여행하고 싶은 친구 ( )
물건을 잃어버린 곳 ( )	물건을 잃어버릴 때 ( )	가장 화가 났던 순간 ( )	함께 일하고 싶은 직장 동료 ( )

보통 사람은 평균적으로 하루에 25~30회 정도 스토리 기반의 말하기 활동을 경험한다고 한다. 누구나 듣고 싶고, 말하고 싶은 스토리가 있다. 자신이나 주변의 이야기일 수도 있고, 전해 듣거나, 책에서 읽은 내용이 될 수도 있다. 다시 전하든 창작을 하든 영어 말하기 공부에 스토리텔링만큼 좋은 방법은 없다.

특별히 영어가 잘 되는 스토리텔링 소재가 있다. 나에게 맞는 그런 스토리는 계속 반복해서 연습하면 어디서든 그 스토리만큼은 영어로 자신 있게 말할 수 있다. 영어 스토리텔링은 익숙함이 절반이므로 계속 자신의 이야기를 꺼내어 말해보는 연습을 하자.

02

스토리 뱅크에 스토리를 저축하라

스토리 수첩을 쓰는 것은 자신만의 스토리 뱅크를 구축하는 것이다. 단기 저장용인 스토리 수첩이 축적되어 장기 저장용 뱅크가 생기는 것이다. 나만의 스토리 뱅크는 영어 능숙도와 무관하게 누구나 만들 수 있다. 스토리 뱅크에 저장한 것을 인출해서 연습하다보면 자신감이 생긴다.

사실 대부분의 스토리텔링 상황은 예측 가능하다. 말하기의 주제도 거의 예측 가능하기 때문에 말하기 학습자 입장에서 스스로 자신 있게 말할 수 있는 스토리 소재를 머릿속에 저장해두고 반복적으로 연습하면 의외로 자신감을 얻을 수 있다. 그렇게 6개월 정도 연습하면 분명히 말하기에 대한 태도가 달라진다.

GE(제너럴 일렉트릭) 기업의 CEO였던 잭 웰치가 말한 "Be yourself!"라는 슬로건처럼 영어 말하기 공부에도 나만의 스토리텔링이 필요하다. 즉 나만의 스토리가 있어야 한다. 말은 연습하면 최소한 '말하고 싶은 것을 말할 수 있는 수준'에 도달할 수 있으므로 유창함의 능력은 누구나 가질 수 있다. 다시 말하지만 남과 나의 발음을 비교하지 말고 자신이 경험한 이야깃거리를 차곡차곡 스토리 수첩에 저장해서 자신만의 스토리텔링 연습에 집중하는 것이 중요하다.

한국에서 정치가나 교육자들이 영어 말하기를 잘하려면 영어 학습 시간을 더 많이 늘리고 더 많은 원어민을 학교에 배치해야 한다고 한다. 하지만 지금 말하기 공부법으로 학습 시간만 늘린다면 영어로 표현하고 싶은 것을 말하게 될까? 얼마나 더 영어를 공부해야 할까? 수많은 학습자들이 수백 시간을 말하기로 공부했지만 여전히 중급 수준에 머물고 있다.

말하기를 잘하려면 우선 할 말이 많아야 한다. 세련된 발음, 구문과 어휘 학습에 치중하지 마라. 내가 말하고 싶은 이야기를 나만의 스토리 수첩에 기록하는 것이 더 중요하다. 과거의 경험 중에서 가장 행복했던 기억을 중심으로 찾아보자. 장소와 시간, 등장인물과 사건, 활동과 감정을 시간 순서나 인과 관계로 연결하여 언제, 어디서, 누가, 어떤 상황에서 무슨 일이 있었는지에 대해 말할 수 있어야 한다.

나는 거짓 유창성 바이러스와 스토리텔링 말하기 학습 백신을 학교와 기업을 다니며 강조했다. 내 강의를 들은 많은 사람들은 고개를 끄덕이지만 망설인다. 교수님 말씀은 맞지만, 모두가 회화 학원을 다니고 토익을 준비하니 새로운 공부법을 시도하기가 부담스럽다는 것이다. 그 말을 들으니 더욱 안타깝다. 영어 말하기 공부에 관해 우리가 가장 소망하는 것은 그냥 말하기가 아니라 자기가 하고 싶은 이야기를 하는 것이다. 원어민과 인터뷰식 영어를 하는 것이 아니라, 말하고 싶은 것을 말하는 방법을 배워야 한다. 스토리텔링을 배워야 한다.

자신이 표현하고 싶거나 말할 수 있는 스토리 뱅크를 어떻게 찾을 수 있는지 다음과 같이 정리했다.

- ☐ **자신의 인생 주제를 찾아라** 자신의 일상에서 되풀이 되는 것에 관심을 가져라. 그 속에서 주제를 찾을 수 있다.
- ☐ **사건의 의미를 찾아라** 에피소드 속에서 발생한 구체적인 인과 관계에 주목하며 인상적이었던 사건을 찾는다.

□ **사건의 교훈을 찾아라** 에피소드를 통해 깨달은 점을 찾는다.

□ **성공을 찾아라** 자신이 좋아하는 분야나 인물의 성공 스토리에 지속적인 관심을 가져본다.

□ **실패를 찾아라** 실수나 실패를 부끄러워하지 말고 기록한다.

□ **미래의 이야기를 미리 기록하라** 미래에 발생할 수 있는 사건을 떠올리며 어떻게 대처할 것인지 이야기로 구성한다.

□ **다양한 스토리텔링 자원을 활용하라** 소설책, 영화, 드라마, 만화 등의 스토리를 활용하여 나만의 이야기로 만들 수 있다.

스토리 뱅크를 넉넉하게 구성하면 소재를 꺼내어 직선 혹은 순환적인 스토리텔링 기본 구조에 맞춰 연습한다. 자신이 말하고 싶은 것이 있어야 녹음, 전사, 조별 진단 및 분석의 연습 절차가 지루하지 않다.

단어 수첩을 가지고 다니며 영어 어휘를 버스나 지하철에서 틈나는 대로 외우는 것처럼 이제 스토리텔링 연습을 위해 수첩을 활용해보자. 대화 전문을 적어두고 암기하라는 의미가 아니라 보고 들은 것, 읽은 것, 경험한 것 중에 말하고 싶은 소재를 수첩에 정리하는 습관을 갖자는 것이다. 말하는 기술도 중요하지만 말하는 내용을 한순간에 쌓을 수 없다. 저금하듯 모아두면 스토리 뱅크가 생긴다.

한국어도 그렇다. 내가 가르친 학생 중에 대구에서 올라온 철민이는 말이 없는 학생이었다. 스스로 사투리 억양에 대해 불편하게 생각하기도 했지만, 무언가 말하려면 머릿속이 텅 비는 듯 할 말이 생각나지 않는다고 해서 철민에게 스토리 수첩을 이용하도록 지도했다. 그 결과 철민이는 스토리 수첩을 보지 않아도 주위 사람들을 유쾌하게 만드는 유머 몇 개 정도는 언제든 전할 수 있고, 반복적으로 전하는 이야기 만큼은 어색하지 않게 말하게 되었다.

말하기는 일상을 소재로 연습해야 하는데 그 일상의 말하기 연습에서 가장 유용한 도구가 스토리 수첩인 셈이다. 자신만의 스토리 수첩을 만들 수 있는 매력적인 스토리 소재를 일상에서 고민해보자. 누구에게나 하고 싶은 말, 필요한 말의 소재가 있다. 한국의 전래동화, 소설, 영화, TV 드라마, 개인의 여행 경험, 성장 스토리 중에서 딱 세 가지만 골라서 영어로 5번만 연습하라. 같은 스토리를 청중을 바꿔가며 반복하면 최소한 그 영어 스토리는 자신의 것이 되기 시작한다. 이때 처음부터 끝까지 중단하지 않고 길게 말하는 지구력 연습이 정말 중요하다. 영어 말하기 실력을 상급 수준으로 향상시키려면 '길게', '많이' 말하는 연습이 필요하기 때문이다.

초등학생에게 글쓰기를 가르칠 때 한 페이지를 꽉 채우는 연습을 시키기도 한다. 우선 문장의 길이가 길어야 인과 관계와 시간 순서대로 말하는 연습을 할 수 있기 때문이다. 스스로 길게 말하는 연습을 충분히 하지 않으면, 대화에서는 응답만 하게 되고, 발표와 토론에서는 의견을 충분히 말하지 못한다. 말할 소재를 항상 준비해두고 같은 내용이지만 다른 청중 앞에서 반복적으로 연습하면 요령이 생긴다.

초보 운전자가 익숙한 길을 만나면 편해지듯이 영어 말하기에서도 익숙한 이야기의 내용이 절반의 성공을 보장한다. 노래방에서 아는 노래를 언제든 선곡할 수 있으면 명가수가 아니라도 자신감이 생긴다. 이처럼 잘 알고 있는 스토리를 반복하면서 스토리 뱅크를 구축하자.

03

스토리텔링 클럽에서 수다쟁이가 되라

영어로 대화를 나눌 수 있는 동료를 찾기가 쉽지 않다. 화상 또는 전화로 진행하면 아무래도 친밀감이나 현장성이 떨어져서 조금만 하다보면 심심하다. 그렇다고 혼자서 동영상이나 회화책을 보고 공부하자니 내 영어를 들어주는 사람이 없어 답답하다.

소그룹 모임과 같은 친근한 분위기에서 내가 주인공이 되어 말하고 싶은 스토리를 영어로 길게 말할 수 있고, 그 다음 동료로부터 구체적이면서도 친근한 피드백을 받을 수 있는 방법은 없을까? 그렇게 할 수만 있다면 교육비도 절약할 수 있고, 학원으로 이동하는 시간까지도 아낄 수 있다. 무엇보다 영어를 더 많이 말할 수 있고, 내 자신의 말하기 스타일이나 장단점을 주위를 통하여 좀 더 잘 파악할 수 있다.

이럴 때 스토리텔링 클럽이 대안일 수 있다. 스토리텔링 클럽은 스토리텔링을 공부하는 소그룹 안에서 정기적으로 만나 서로의 이야기를 들어주는 귀가 되고, 스토리텔링으로 수다쟁이가 되기 위한 공간이다.

영어 말하기를 잘하려면 우선 말하는 양부터 늘려야 한다고 했다. 먼저 한국어로 적극적으로 말하는 것부터 시작하라. 스토리텔링을 일상 속에서 습관화하지 않으면, 갑자기 영어 수업 시간에 말을 많이 하는 것 자체가 어색하고 불편하다.

그런데 한 가지 짚고 넘어가야 할 것이 있다. 한국의 말하기 문화는 여전히 엄숙한 편이다. 말이 많은 사람에게 관대하지 않을 때도 있고, 말이 많은 사람을 비아냥대는 속담도 꽤 많다. TV를 켜면 수다쟁이들이 많이 등장하고, 커피 전문점에서는 즐거운 수다도 쉽게 들을 수 있지만 남성과 어르신들은 여전히 말 많은 사람에 대해 엄격하다. 그리고 어떤 선생님들은 말이 많은 학생들을 좋아하지 않기도 한다.

바로 고민은 여기에서부터 시작된다. 영어로 스토리텔링을 연습하고 상급 수준의 말하기 능력을 기르기 위해서는 말을 많이 할 수 있는 공간이 필요하다. 과연 이러한 공간이 현실적으로 존재할까? 그나마 말을 할 수 있는 회화 수업에는 학생 수가 많고, 내가 주인공이 되어 말할 기회는 더 적다. 영어 학원 수업을 자주 듣는다고 해도 스스로 길게 말할 기회는 거의 없을 뿐만 아니라 공적인 곳에서 자신의 스토리를 나누는 것이 불편할 수도 있다.

스토리텔링 연습은 내가 주인공이 되어서 길게 말할 기회를 지속적으로 갖는 것이다. 그렇지만 어디서 그런 연습을 하며 누구와 할 수 있을까? 처음 보는 사람들과는 아무래도 내 이야기를 길게 말하는 것이 불편하다. 내성적이거나 사람들과 친근하게 교제하는 것에 불편함을 느끼는 사람, 영어 말하기에 열등감이 있거나, 주위의 시선을 많이 의식하는 성격을 가진 사람이라면 힘들다. 그렇다고 스토리텔링 연습을 혼자서만 할 수는 없다. 자신의 스토리를 들어주는 청중이 있다면 스토리텔링의 학습 효과는 더 크다는 점을 잊어서는 안 된다.

스토리텔링을 연습할 때 주인공 의식을 갖는 것이 제일 중요하다고 할 수 있는데 말할 기회가 없는 곳에서는 모두 주인공이 되기 힘들다. 따라서 영어 초급자일수록 소그룹 안에서 스토리텔링 연습을 하는 것이 효과적이다. 이때 스토리텔링 클럽의 규모는 10명이 넘지 않는 것이 좋다. 모두가 이야기 속의 주연이 되어야 하는데 인원이 너무 많으면 조연이 생길 수밖에 없기 때문이다. 반드시 모두가 주인공이 되어야 한다.

스토리텔링 클럽의 활동은 어떻게 해야 하고, 운영해야 할까? 우선 클럽의 리더를 선출하고, 가능하다면 코치를 섭외하여 클럽 운영표와 지침도 함께 정하자. 일주일에 1~2회 만나서 매번 2시간 정도 스토리텔링에 집중하는 시간을 갖도록 한다. 첫 시간에는 솔직하게 자신의 목표를 발표하고, 클럽 전체의 목표를 정하는 것이 좋다. 영어를 잘 못한다면 영어 학습 말하기에 집중해야 할 것이고, 영어를 잘하는 클럽 회원들이라면 지역 사회의 봉사 활동 등을 기획해볼 수도 있다. 다른 성격의 클럽끼리 연합하거나 이벤트 진행이나 인터넷 사이트도 함께 운영하면 교실에서 수동적으로 회화 공부만 하는 것보다 훨씬 더 재미있게 영어 공부를 할 수 있다. 자기주도성이 생길수록 말하기 실력은 향상된다.

스토리텔링 클럽에서 서로 만날 때마다 자신이 가져온 스토리텔링 수첩을 적극적으로 활용하고 한 사람씩 일어서서 모두에게 주목받으며 자신의 스토리를 전해보자. 한 사람이 스토리를 시작하면 중간에 간섭하지 말고 처음부터 끝까지 내용을 마칠 수 있도록 배려해야 한다. 스토리를 들을 때는 Part 2에서 제시된 진단표에 표시를 하면서 코멘트를 준비하자. 스토리를 듣자마자 섣불리 코멘트하는 것보다 녹음한 것을 들어보거나 전사를 함께하면 도움이 되는 정보를 줄 수 있다. 이러한 과정에서 자신의 영어 말하기 실력도 향상될 수 있다.

'말을 배운다'는 것은 단순히 암기한 단어와 문장을 나열하는 것이 아니다. 타인과 스토리를 공유하면서 불편한 마음과 부끄러운 마음을 다스리며 자신의 삶을 개방하는 스토리텔러의 정체성을 찾는 모험이기도 하다. 서로 친밀한 사람끼리 모인 소그룹에서 스토리텔링 모험을 시작할 수 있다. 내가 틀려서 마음이 불편해도 나의 스토리를 애정 있게 들어주는 귀가 있는 소그룹에서 편안하게 말하기 공부의 모험을 시작할 수 있다. 원어민 선생님이 있으면 좋지만 없어도 괜찮다. 친절하게 들어주는 귀가 있다는 것이 중요하다.

원어민과 비원어민을 불필요하게 비교하면 비원어민인 우리의 영어 말하기가 항상 불편할 수 있다. 하지만 그 기준으로 진짜 영어 말하기를 잘 배울 수 없으므로 처음부터 끝까지 말하고 싶은 것을 길게 말하는 연습을 해야 한다. 따라서 스토리를 들어주는 소그룹이 필요하다는 것이다.

04

원어민이 없어도 동료 코칭할 수 있다

스토리텔링 클럽을 만든 다음 클럽 회원끼리 동료 코칭을 해야 한다. 클럽 회원끼리 경쟁하지 말고, 서로 스토리를 이야기할 때마다 칭찬과 격려를 아끼지 말아야 한다. 중요한 것은 내가 하고 싶은 스토리를 처음부터 끝까지 마치는 것이므로 일단 그 과업을 성공적으로 완수했다면 잘하고 있는 것이다. 비판은 최대한 자제하자. 문법적 오류, 이해할 수 없는 등장인물의 특성 등을 당장 지적하고 싶은 마음이 들어도 참고 끝까지 들어주자.

처음 온 회원이 쉽게 말을 열지 못한다면 앞으로 설명할 '청중 확대 전략'을 사용할 수 있지만 기존 회원들이 먼저 역할 모델을 하는 것이 제일 좋다. 스토리텔링 클럽에서 내가 말하고 싶은 스토리를 끝내는 것이 제일 먼저 달성해야 할 목표이다. 스스로의 스토리텔링 목표에 도달하기 위해 회원들끼리 서로 비평하고 경쟁하는 것이 아니라 함께 귀 기울인다면 신입 회원의 마음이 편안해질 것이다.

동료 코칭을 하면 혼자 공부해야 하는 말하기 학습의 부담이 덜어진다. 서로의 개선점을 교환할 때에는 반드시 잘한 것부터 말하도록 한다. 먼저 충분히 칭찬하면서 장점부터 말해보자. 막연하게 "You did a good job."이라고 말하지 말고 구체적으로 칭찬한다. Part 2의 진단표에 나온 질문을 이용해서 더 많은 칭찬을 만들 수 있다.

(1) I liked the story. Everyone will love it.

(2) I like your body movement. It made the story come alive.

(3) I love your voice.

(4) You spoke clearly so I could understand every word.

(5) When you slowed down in the scary part, I was really scared.

(6) I was impressed by the way your story was developed.

(7) You looked very confident. You looked great.

(8) You looked not nervous at all. How could you do that?

(9) I liked how you looked at us. It made me feel as if I was in the story.

(10) I liked your facial expression.

  (1) 스토리가 좋습니다. 모든 사람이 그것을 좋아할 거예요.

  (2) 몸동작이 괜찮습니다. 스토리를 생동감 있게 만드네요.

  (3) 목소리가 좋습니다.

  (4) 분명하게 말해서 모든 단어를 이해할 수 있었습니다.

  (5) 무서운 부분에서 속도를 늦추어 말해서 저는 정말 무서웠습니다.

  (6) 스토리를 전개시키는 방식이 인상 깊었습니다.

  (7) 정말 자신감 있어 보입니다. 멋져 보입니다.

  (8) 전혀 긴장하지 않은 것 같아요. 어떻게 그럴 수 있죠?

  (9) 당신이 우리를 바라보는 방식이 좋았습니다. 마치 스토리 속에 있는 듯 편안했어요.

  (10) 얼굴 표정이 좋았습니다.

개선점은 다음과 같이 제안해보자. 우선 막연하게 "You really need some gestures."라는 제안은 큰 도움이 되지 않으므로 메모를 해두었다가 구체적인 상황과 장면에서 언급해주자. 단정적인 말은 피하고 "Have you consider…?" 문구를 적극적으로 사용하면 좋다. 한꺼번에 충고하면 한 번에 너무 많은 것을 받아들일 수 없으므로 한 가지 개선점에 대해 말한다.

다음의 사항에 대해서는 스토리텔링 클럽에 원어민이나 선생님이 없어도 동료 코칭을 통해 효과적으로 도움을 주고받을 수 있다.

□ **나만의 이야기가 없다** 자신의 이야기가 잘 기억나지 않거나, 말할 만한 좋은 이야기가 없다고 고민하면, 누구든 자신만의 이야기가 있을 것이라고 격려해주자. 어쩌면 잘해야 한다는 부담감을 갖고 있을 수 있으므로 시간을 두고 기다리는 것도 좋은 방법이 된다. 어떤 이야기도 생각나는 것이 없다면 스토리텔링 수첩을 함께 만들어보자.

□ **초조한 모습을 보인다** 비디오 녹화를 해서 코칭을 하는 것이 제일 좋은 방법이다. 대부분의 학생들이 초조함을 나타내는 행동을 한다. 예를 들어 목청을 계속 가다듬고, 피식 웃고, 머리를 만지며, 몸을 앞뒤로 흔들거나, 심지어 반지나 귀걸이를 만지고 비틀기도 한다. 이처럼 불안한 행동을 보이면 듣는 사람은 스토리 내용에 집중하기 어렵다.

□ **손동작이 너무 산만하다** 두 손을 불편하게 고정시켜 놓거나 반대로 계속 움직이면 보는 사람이 집중하기 어렵다. 손을 너무 많이 만진다면 한동안 손을 뒤로 하고 말하게 한다. 하지만 원칙적으로 스토리텔링을 할 때 손을 편안하게 옆에 두고 말하도록 코칭해주자.

□ **시선을 맞추지 못한다** 시선을 잘 맞추는 것은 스토리텔러와 청중 사이에 긴밀한 관계를 만드는 중요한 역할을 한다. 의식적으로 청중과 눈을 맞추는 연습을 해야 하는데 영어를 말하면서 골고루 사람들의 시선을 맞추는 것이 생각보다 쉽지 않을 수 있다. 이때는 한국어로 스토리텔링을 먼저 해보며 코칭해보자.

□ **중간에 할 말을 계속 잊어버린다** 스토리텔링을 위해 열심히 준비했다고 해도 영어로 길게 말하는 연습이기 때문에 막상 발표할 때는 다음에 무엇을 말할지 자주 잊어버릴 수 있다. 이때는 Stop & Smile 전략이 제일이다. 발표자가 이야기를 멈추고, 미소를 지으며, 청중을 한 번 쳐다보는 것이다. 여전히 다음 내용이 생각나지 않는다면 지금까지의 내용을 정리하거나, "어떤 일이 일어날까요?"라고 다음의 내용을 자연스럽게 유도하면서 물어보거나, 아무 문제 없이 이미 알고 있는 내용이라는 듯 그냥 넘어가도록 코칭하자. 스토리텔링에서 중요한 것은 '끝까지 마치는 것'이다.

□ **불필요한 삽입어, 삽입구를 자주 사용한다** 스토리텔링은 말하는 연습이므로 글 쓰기처럼 엄격하게 어법을 지키며 말하기 연습을 하지 않는다. 하지만 문장마다, "um", "actually", "and then", "you know", "I mean"과 같은 말을 습관적으로 사용한다면 지적해줄 수 있다. 자신의 이야기를 충분히 잘 표현할 수 없거나, 연습이 부족했을 때 이런 경향이 자주 나타날 수 있는데 반복적인 삽입어, 삽

입구를 넣는 것보다 오히려 침묵하는 것이 더 낫다.

☐ **이야기 전개가 너무 빠르다** 가끔 달리기 하듯이 이야기하는 사람이 있다. 말도 빠르고 사건 전개도 빠르다. 준비는 충분했지만 주목받으며 말하는 것이 익숙하지 않다면 그럴 수 있다. 빠르게 속도를 낼 때마다 'Stop' 표지판을 들어주거나 깊은 호흡을 내쉬도록 유도한 후 다시 말하도록 한다.

☐ **두서없이 다른 이야기를 보탠다** 이야기가 겉돌고 내용의 흐름 속에 중심이 부족한 경우다. 이야기 주제가 구체적이고 직선적 스토리텔링 연습이 충분하다면 이러한 현상이 일어나지 않는다. 먼저 이야기의 구조를 스토리맵을 통해 다시 익혀야 한다. 간결하게 구성할 수 있는 이야기를 선택해서 짧은 시간 동안 이야기가 겉돌지 않고 진행될 수 있도록 코칭한다. 제한 시간을 주고 연습시키는 것도 좋은 방법이다.

☐ **계속 왔다갔다하며 말한다** 계속 움직이며 말하면 듣는 사람은 마음속에 이야기의 이미지를 그릴 수 없다. 걸어 다니는 버릇이 있으면 바닥에 원 표시를 해서 그 밖에서 나오지 못하도록 한다. 여전히 불안정해 보이면 바닥에 ×표시를 하고 그곳에 서서 말하게 한다. 처음에는 힘들지만 금방 적응할 수 있다.

05

녹음, 전사, 분석
내가 해야 한다

스토리텔링 진단표를 출력해두고, 스토리 수첩으로 스토리 뱅크를 구성하면서 스토리텔링 클럽에서 즉흥적인 스토리텔링 연습을 시작할 때 필요한 습관이 있다. 바로 '녹음하기, 전사하기, 그리고 분석하기'에 대한 연습이다.

스토리텔링하는 모습을 녹화하기 위해서는 캠코더를 이용하는 것이 좋지만, 녹화, 재생, 전사의 과정에서 번거로운 것이 단점이다. 자신의 스토리텔링을 녹음해서 언제든 들으려면 휴대하기 편한 디지털 녹음기가 제일 좋다. 녹음할 때 스토리는 무슨 일이 있어도 끝까지 완성한다는 원칙을 지키자.

녹음 후 자신의 목소리를 듣는 것은 정말 끔찍한 일일 수도 있다. 사진이나 동영상을 통해 우리 모습을 직접 보는 것이 싫을 때가 있다. 그러나 자신의 모습과 목소리를 직접 보고 들어봐야 수정할 것은 고쳐서 장점은 장점으로 더 부각시킬 수 있다. 자기주도적인 스토리텔링 학습은 자기 목소리를 듣는 것에서부터 출발한다.

다음은 'transcription'의 차례다. '전사' 혹은 '녹취'라고 한다. 자신의 영어를 듣는 것도 어렵지만 전사도 쉽지 않은 일이다. 하지만 자신의 영어 말하기 습관을 파악하기 위해서는 반드시 전사 자료를 이용해야 한다. 문법이나 독해 공부를 할 때 틀리는 것은 계속 틀리므로 그 문제점이 무엇인지 파악해야 성적이 오를 수 있는 것처럼 말하기 공부도 똑같다.

학습자들이 "전사를 꼭 해야 하나요? 계속 듣기만 해도 제가 어떻게 말하는지 알겠는데요."라는 질문을 꼭 한다. 그런데 그렇지 않다. 실제로 말한 것을 전사해보면 내 영어가 다르게 들린다. 전사하지 않으면 성급하게 듣고 귀에 잘 들리는 것으로만 내 영어를 판단한다. 전사하지 않은 학생들의 샘플 분석 숙제를 보면 여전히 발음이나 문법을 기준으로 자신들의 스토리텔링을 분석하는 것을 발견한다. 꼼꼼한 전사와 분석을 통해서 내가 어떻게 말하는지 누구보다 제일 잘 알아야 한다는 점을 명심하자.

혼자 전사하는 것이 습관이 되지 않는다면 스토리텔링 클럽 안에서 동료들과 함께 작업해볼 것을 제안한다. 함께하면 덜 지루하고, 자신이 말한 것을 전사하기 때문에 묘한 긴장감도 생겨서 집중도 더 잘 된다. 손과 발을 동시에 이용할 수 있는 전사기도 있고, 녹음된 것을 천천히 들려주는 프로그램도 인터넷에서 다운받을 수 있으므로 전사는 생각보다 힘들지 않다.

스토리텔링 클럽의 주요 활동은 함께 전사한 후 그 자료로 서로의 말하기 습관을 코멘트해주는 것이다. 많은 학생들이 영어 말하기를 잘하지 못하는데 과연 다른 친구를 코칭해 줄 수 있을지 부담을 느끼지만, 입은 중급이라도 눈과 귀는 이미 상급 수준의 영어를 이해하고 진단할 수 있는 학습자들이 많다. 말하기 실력이 뛰어나야만 코칭할 수 있는 것은 아니다. 상급 수준의 영어 말하기 실력을 갖추기 위해서는 내 것이든 남의 것이든 스토리텔링 샘플을 적극적으로 수집하고 분석하며 장단점을 파악해야 한다.

이러한 스토리텔링의 녹음, 전사, 분석 작업은 정기적으로 해야 한다. 전사하는 것은 번거롭기도 하지만 그것이 꺼려지는 진짜 이유는 전사된 자신의 영어를 듣는 것이 불편하기 때문이다. 원래 자신이 말한 것을 들으면 누구나 충격을 받는다. 다시 전사해서 들어보면 누구나 실수가 많다. 원어민이라도 문법에 어긋나거나, 문장을 깔끔하게 끝내지 않기도 하고, 주제에서 벗어난 불필요한 말을 하기도 한다. 말이 원래 그런 것이라고 관대해질 필요가 있다.

전사는 얼마나 꼼꼼하게 해야 할까? 들리는 대로 무조건 적으면 되는 것일까? 전사의 방법도 여러 가지가 있는데 중급 학습자들이 우선 지켜야 할 원칙은 '자신에게 그저 솔직하게 전사하기'다. 골라서 적지 말고, 들리는 그대로 전부 적어보라는 의미다. "uhm", "ah", "you know", "I mean"과 같은 반복어구, 긴 침묵, 웃음 소리 등도 가능하다면 모두 전사로 옮겨야 자신의 스토리텔링 스타일을 정확하게 파악할 수 있다.

대화나 스토리텔링에서 내용 전달이 막힐 때마다 항상 웃음으로 그 순간을 모면하는 학생이 있었다. 이 학생은 자신의 전사 자료를 통해서 영어 공부 10년 만에 처음으로 머쓱한 웃음으로 상황을 모면하는 자신의 말하기 습관을 알게 되었다. 이 학생도 처음에는 녹음된 것을 듣기만 하고, 전사하지 않았다. 그때는 웃음이 얼마나 어색한지 잘 몰랐다. 이처럼 말이란 계속 흘러가는 것이므로 큰 오류가 아니면 잘 파악되지 않는다. 자신의 웃음에 대해 생각해보지 않았지만 직접 들리는 것을 적어보니 웃음은 전략이 아니라 어색한 습관이라는 것을 알게 되었다.

전사를 마치면 Part 2에 나오는 진단표로 혼자 혹은 친구나 소모임을 통해서 분석을 시작한다. 원어민 첨삭이나 영어 선생님만 나의 영어를 첨삭하고 분석할 수 있는 것은 아니다. 학습자도 직접 진단하고 분석할 수 있다. 스토리텔링 클럽에서 서로 코칭해줄 때 스토리텔링 클럽의 동료는 경쟁자가 아니므로 서로 관대하게 대하자. 한 사람씩 처음부터 끝까지 스토리를 말할 때 그것을 들어주는 귀가 되어 성실하게 코칭해주자. 원어민 회화 수업보다 더 즐겁게 더 많이 배울 수 있다.

스토리텔링 말하기는 자기주도적 학습으로 배워야 한다. 우리는 원어민 선생님의 인터뷰식 대화 학습이나 시험을 통해 다른 사람에게 평가받는 것에 익숙해서 내가 직접 참여하는 진단과 코칭 활동을 상당히 낯설어 한다. '나도 중급인데.', '나도 영어를 잘하지 못하는데.'라는 생각 때문에 부담을 느낀다.

하지만 스토리를 전달할 때 그 스토리의 주인은 나 자신이다. 다른 사람의 것이 아니다. 우리의 경험을 스토리텔링으로 전달하는 것인데, 자신의 스토리를 왜 평가할 수 없겠는가? 평가는 꼭 남이 해야 되는 것은 아니다. 스토리의 소유자 스스로 진단할 수 있고, 분석하고 평가할 수도 있다. 또한 전사가 되어 있기 때문에 스토리 샘플의 적절함에 대해 코멘트하는 것이 그리 어렵지 않다. 자신의 판단에 자신감을 갖자.

06

내 스토리의 청중을 더 모아라

진단표, 스토리 수첩, 스토리텔링 클럽, 녹음과 전사가 익숙해진다면 청중 확장 전략을 적용하자. 혼자 말할 때, 잘 아는 친구가 들어줄 때, 다섯 사람이 들어줄 때, 잘 모르는 서른 명의 청중이 들을 때마다 느낌이 다르고 도전이 된다. 꼭 원어민 선생님이 아니어도 되며, 부모님이나 친구 혹은 스토리텔링 클럽 회원들이 청중이 될 수 있다.

청중 확장 전략을 고려할 시기가 있다. 낯선 청중 앞에서 말하는 것에 불편함을 느끼는 초보 학습자는 공개적인 장소에서 스토리를 전하는 것이 생각만큼 잘 되지 않는다. 그래도 말하기 연습을 하려면 청중이 필요하다. 그래서 천천히 아주 천천히 청중을 확장시키는 전략을 사용해야 한다. 우선 거울이나 벽을 보거나 집에서 상상 속의 청중에게 스토리를 전한 후, 불편하지 않은 스토리텔링 클럽 회원들이나 잘 아는 친구나 가족 앞에서 연습한다. 그리고 이웃 클럽의 동료 앞이나 학급의 전체 학생 앞에서, 점점 익숙하지 않은 공간의 불특정 청중을 대상으로 한 스토리텔링에 도전해야 한다.

모든 말하기 연습은 반드시 소리를 내면서 해야 효과적이다. 더 큰 소리로 반복해서 연습할수록 자신이 스토리의 진짜 주인이 된다. 초·중급 학습자들이 잘 모르는 청중 앞에서 영어로 스토리를 전했다는 성취감은 우리가 상상하는 것보다 훨씬 크며 오랫동안 자신감을 준다. 청중 앞에서 영어로 말했다는 경험을 축적하기 위해 반복적으로 조금씩 도전의 수위를 높이는 청중 확대 전략이 필요하다.

경쟁하듯이 말하기를 이벤트나 대회처럼 기획하면서 연습하면 안 된다. 말하기에는 즐거움과 편안함이 있어야 한다. 평소에 다음과 같이 구체적인 방법으로 연습해보자.

혼자 벽이나 거울을 보며 연습할 때에는 혼자 이야기하는 것이지만 실제 여러 사람들 앞에 선 것처럼 연습해야 한다. 교실에서 연습한다면 스토리텔링 클럽 회원들이 각자 벽을 바라볼 수 있는 자리를 찾아라. 클럽 리더가 신호를 주면, 각자 벽을 쳐다보고 이야기를 시작한다.

소그룹 앞에서 연습할 때에는 짝이나 조를 구성하고 서로 편한 자세로 서로 이야기하도록 하라. 힘들어하는 회원이 있다면 처음에는 적극적으로 듣기만 하고, 마음의 준비가 되면 말하도록 배려한다.

줄을 서서 마주보며 말해볼 수 있다. 두 줄로 마주보고 서서 2분간 이야기를 주고받는다. 파트너를 바꿔가며 같은 이야기를 반복한다. 새로운 파트너를 위해 이야기를 일부 수정할 수도 있고, 앞의 회원에게 들려주던 곳부터 새롭게 시작해서 다른 이야기를 만들 수 있다. 때로는 몸동작에 초점을 맞추면서, 때로는 내용에 더 집중하면서 각기 다른 방식의 말하기 연습을 할 수 있다. 또는 1분 동안만 이야기하고, 나머지 시간 동안 말하지 않고 움직임이나 얼굴 표정에 초점을 맞추게 한다.

이제 낯선 곳에서 모르는 사람 앞에서 스토리를 전해보자. 다른 스토리텔링 클럽끼리 서로 이동하면서 스토리를 전할 수도 있다. 스토리텔링이라는 공통의 관심을 갖고 있으므로 낯설지는 않을 것이다. 이러한 교류가 익숙해지면 스토리텔링 이벤트를 추진하거나 좀 더 넓은 공간에서 각자 스토리텔링을 할 기회를 갖는다. 수십명 혹은 수백명 앞에서 영어로 자신의 스토리텔링을 해보면 그 성취감과 기쁨은 말할 수 없이 크다.

자기주도적으로 영어를 길게 말할 수 있는 연습을 하기 위해 가장 좋은 소재는 '행복한 나 자신'에 관해 말하는 것이다. 유쾌한 소재로 말할 때 즐거움도 느낄 수 있다. 개인적으로 나에게 의미 없는 내용에 대해 말하는 것은 지루하고 오래 연습할 수 없다. 다행히 요즘은 많은 학생들이 자신이 말하고 싶은 스토리를 잘 찾고 있지만, 여전히 안타까운 점은 정작 내 말을 친절하게 들어줄 청중이 없어서 많은 학생들이 랩실에서 혼자 공부하거나 학원에서 서로의 친밀감도 쌓지 않은 채 낯선 사람들과 불편하게 영어 말하기를 한다는 점이다.

중학교에서 현장 연구를 하면서 공부도 잘하고 태도도 반듯한 윤호를 알게 되었다. 윤호는 무엇이든지 다 잘하는 모범생이었지만, 친한 친구가 많지 않았고, 영어나 한국어로 말하는 것 자체에 항상 자신감이 없어 보였다. 나중에 알고 보니 윤호의 부모님과 담임 선생님은 엄격하신 분이었고, 윤호에게는 친한 친구가 없었다. 그러나 다행히 윤호가 고등학교로 진학하고 환경이 바뀌면서 친한 친구를 사귀게 되었다. 그러면서 말할 때 여유가 생겼다. 중학생이던 윤호에게는 친밀감을 갖고 자신의 이야기에 귀 기울여줄 청중이 일상에서 없었던 것은 아닐까? 말하기는 혼자 계속 할 수 없고, 나의 이야기를 들어줄 청중이 있어야 하는데 윤호에게는 그런 대상이 한동안 없었던 것 같다. 누군가 나의 말을 들어주면 말하는 사람은 더욱 신이 나서 자신의 스토리에 의미를 담기 시작한다.

혼자 고립된 채 말하기를 공부하면 재미없고 긴장감이 없어진다. 열심히 공부하면서 언젠가 공식적인 자리에서 영어로 멋있게 말하는 모습을 꿈꾸겠지만 혼자 말하면 흥이 생기지 않는다. 잘 모르는 사람과 영어로 말하면서 개인적이고 감성적인 내용을 담기 힘들다. 실수를 허용해야 편안하게 말을 많이 하게 되고, 말을 많이 해야 말하기 실력이 향상되어 더 많은 청중 앞에서 말하기를 시도할 수 있는데, 청중과 친밀감이 부족한 채 말하기 연습만 하면 재미가 없고 길게 말할 수 있는 능력도 키우기 힘들다. 악순환이 반복되는 셈이다.

스토리 수첩으로 내가 하고 싶은 말이 준비되어 있고, 주변에서나 스토리텔링 클럽에서 나의 이야기를 들어 줄 귀가 있다면 그 청중을 최대한 활용하도록 하자. 그리고 나서 좀 더 새롭고 낯선 곳에서 스토리텔링에 도전해보자.

07

결국
수다쟁이 연습이다

내가 아는 많은 사람들이 자신의 스토리를 전하는 연습을 하면서 말하는 소소한 재미를 느끼게 되었다고 한다. 특히 요즘 말을 정확하고 세련되게 하려는 사람들이 많아지고 있는데, 스토리텔링 클럽에서 영어뿐만 아니라 일단 한국어로 말을 많이 만드는 연습이 필요하다.

내가 기업 특강할 때 점잖은 인상의 한 과장님이 계셨는데 영어 말하기도 점잖게 하셨다. 그 분의 말하기 샘플을 다음과 같이 기억한다.

샘플

Today, I got up at 8:30 a.m. I was so shocked, because I should have come to this class at 9:00 a.m. Usually, I get up early in the morning. But, today I got up late. I got a taxi. Unfortunately, it was a rush hour then. Anyway, I just got into my office in time. It was a tough morning.

오늘, 저는 8시 30분에 일어났어요. 저는 너무 놀랐습니다. 왜냐하면 9시에 이 수업에 와야 했기 때문입니다. 보통 저는 아침에 일찍 일어납니다. 그런데 오늘 저는 늦게 일어났습니다. 저는 택시를 탔습니다. 유감스럽게도 그때가 붐비는 시간이었어요. 어쨌든 저는 사무실에 제때 왔습니다. 힘든 아침이었습니다.

한글로 해석한 것을 봐도 꽤 심심하게 느껴질 수 있는 내용이다. 호기심으로 과장님께 그 사건을 한국어로 말해보도록 했더니 영어와 크게 다르지 않게 말씀하셨다. 그는 한국어도 꼭 영어처럼 책 읽듯이 말씀하시는 분이었다. 이런 분이 영어 말하기 실력을 향상시키기 위해서는 스토리텔링 클럽에서 말을 많이 해보는 연습이 절대적으로 필요하다. 특히 즉흥적으로 말을 만들어보는 연습이 필요하다.

언젠가 커피 전문점에서 옆자리 아가씨들의 수다를 메모한 적이 있는데 내용은 다음과 같다.

샘플

처음 만난 곳은 반포동에 있는 스테이크 전문점이었는데 주차할 곳이 없어서 공영 주차장에 주차를 겨우 했어. 6시가 약속 시간인데 겨우 시간에 맞춰 도착한 것 같아. 그 분은 10분 전부터 와서 기다리고 있었고. 마침 사람도 붐비지 않고 음악도 좋고…. 무엇보다 서로에 대해 소개하면서 이야기를 시작했는데… 뭐랄까, 첫 느낌이 정말 좋았어. 정장 차림으로 나왔는데 위 아래 검은색 양복에 파란색 넥타이가 참 잘 어울리더라고. 잘생긴 얼굴은 아닌데, 호감을 주는 인상이랄까? 뭐랄까, 웃으면 미키마우스처럼 입꼬리가 올라가고 눈이 아래로 좀 처져 있어서 웃으면 참 인상이 좋아. 금테 안경에 옷차림도 단정하고 인상도 좋으니까 마음이 너무 설레이는 거야. 그런데 참 완벽한 사람은 없나봐. 식사를 하면서 학교, 직장, 사는 곳 이야기를 하는데 마음을 불편하게 만드는 언어 습관이 하나 있더라고. 어떤 이야기가 나오든 '최고', '일류' 라는 말이 입에 붙어 있는 거야. 학교 이야기 나오면, "일류 학교 다니시네요." 직장 이야기가 나오면, "그 분야가 요즘 최고죠." 뭐 이런 식이야. 처음에는 별 생각 없이 이야기를 나눴는데 정말 일류, 최고란 말을 너무 자주 하니까 마음이 점점 불편해지더라고. 1시간 지나서 차는 다른 곳에서 마시자고 해서, 난 그냥 계속 이곳에서 마시자고 하니까, 또 그러는 거야. "진짜 최고의 커피를 제가 알고 있거든요."

Part 3에서 언급한 것을 복습해보자. 위에서 본 지각한 과장님 이야기와 커피 전문점에서 들은 여성의 이야기를 비교해보자. 과장님은 줄거리 중심으로 이야기 내용을 전개시키고, 커피 전문점의 여성은 철저하게 자신이 만난 인물 중심으로 자신의 느낌을 적극적으로 드러내면서 이야기를 진행시키고 있다. 줄거리가 인물을 끌어가는 것과 인물이 줄거리를 끌어가는 것은 다르다. 스토리텔링을 통해 어떤 상황의 이미지, 등장인물의 이미지를 그릴 수 있어야 한다. 주인공의 외모, 성격, 활동, 갈등, 극복 이런 것들이 스토리에 생명력을 줄 수 있다. 그래서 기본 줄거리 만들기 연습을 마치면 반드시 '인물 살리기 연습'을 해야 한다.

커피 전문점의 그들은 정말 구체적으로 말하는 방법을 알고 있었다. 'Details create reality.'라는 표현이 떠올랐다. 그들은 한바탕 까르르 웃고는 다른 사건 속의 또 다른 인물을 등장시키고 있었는데 '정말 이 분들은 스토리텔링의 대가다.'라는 생각이 들었다. 이런 수다쟁이들이 영어를 맘 먹고 배운다면 정말 잘할 것이다. 바로 그들은 말을 많이 해보고 이런저런 이야기를 즉흥적으로 만들어본 사람들이기 때문이다.

영어 말하기를 제대로 공부하려면 많은 수강생들 속에서 주인공으로 말할 기회가 별로 없는 회화 수업에 의지하는 마음을 버려야 한다. 원어민 선생님이 없어도 자신의 스토리를 들어주는 귀만 있다면 얼마든지 수다쟁이 영어를 공부할 수 있다.

수다쟁이 연습, 즉흥적으로 말해보는 연습이 필요한 또 다른 이유는 암기의 유혹 때문이다. 말하기를 할 때 더 정확하고 더 유창하게 말한다는 인상을 주고 싶어서, 하고 싶은 말을 모두 암기하고 싶은 유혹도 받을 수 있다. 문장을 외워서 보다 정확하게, 주저함 없이 유창하게 말하고 싶은 것은 초 · 중급뿐만 아니라 상급 수준의 학습자들도 느끼는 유혹이다. 하지만 청중은 암기한 것을 완벽하게 거침없이 말하는 사람에게 좀처럼 공감을 느끼지 못한다. 읽듯이 말하는 모습과 조금 틀리더라도 의미를 전달하려고 애쓰는 모습에는 분명 차이가 있다. 암기의 유혹이 생길 때마다 다음의 사항에 대해 생각해볼 필요가 있다.

첫째, 암기는 힘들고 시간이 많이 걸린다. 많은 학생들이 시간 낭비라고 생각하면서 암기에 집착한다. 둘째, 암기한 내용은 오래 기억하지 못하여 실제 말하기 활동에 큰 도움이 되지 못한다. 셋째, 암기하는 습관을 갖게 되면 열정을 갖고 말하거나, 즉흥적으로 말하는 태도를 배우지 못한다. 정확하게 말해야 한다는 부담감 때문에 머리로 말하게 되며, 가슴으로 자신의 의도를 전달하지 못한다. 어느 정도 즉흥적으로 말하는 것에 익숙해지지 않고 계속 암기해서 말하는 습관을 갖게 되면 자신만의 말하기 스타일을 찾을 수 없다. 넷째, 멋진 표현이나 어려운 용어를 외워서 말했다고 해서 상대방이 크게 감동받지 않는다. 다섯째, 암기에 계속 집착하면 정서적으로 불안해지며, 자신이 전달해야 하는 내용에 결국 자신감을 잃게 된다. 암기에 의존해서 틀리지 않고 말하기를 마칠 수 있더라도 성취감은 잘 생기지 않는다.

즉흥적으로 말하는 것을 연습하지 못하고 암기해서 말하는 습관을 갖게 되면 장기적으로 볼 때 말하기 실력 향상에 방해요소가 된다. 자신만의 스타일을 찾을 수 없고, 영어로 말하는 활동에 부담감을 갖게 된다. 암기에 의존한 말하기로 틀리지 않고 성공적으로 마치더라도 성취감이 생기지 않는다. 외워서 말하면 틀릴 수 있고, 단어나 문장이 갑자기 떠오르지 않을 수 있다는 불안감이 생기기 때문이다.

그럼 암기하지 않고 어떻게 주목받으며 말하기를 잘할 수 있을까? 말하기는 아무리 암기해도 완벽하게 외울 수 없다. 일상에서 즉흥적으로 말을 해야 하는 상황이 계속 생기므로 결국 이야기를 많이 말해본 사람이 진가를 발휘하게 되어 있다. 암기하지 않고도 자신감 있게 말할 수 있도록 스토리텔링 클럽 내부에서 서로 격려해야 한다. 스토리텔링 클럽에서는 완벽하게 말해야 할 부담이 없기 때문에 암기할 필요가 없다.

스토리텔링 클럽에서 말해야 할 아웃라인을 보며, 스토리를 발표해보는 연습이 도움이 된다. 파워포인트, 유인물 혹은 인덱스 카드에 적힌 기본적인 내용을 보면서 이야기에 살을 붙이는 연습을 하자. 아웃라인이 있으면 스토리 내용이 삼천포로 빠질 염려는 없다. 기본적인 내용뿐만 아니라, 직접 인용하고 싶은 원문, 강조하고 싶은데 잘 잊어버리는 부분은 써두자. 여전히 자신감이 부족하다면, 좀 더 자세하게 기본 내용을 적어두는 것도 좋은 방법이다.

처음에 전달하고자 하는 내용의 골격만 가지고 스토리텔링을 하면 말도 더듬게 되고 실수도 자주 하지만 교육적 효과는 크다. 말할 문장을 전부 암기하고 싶은 유혹을 꾹 누르고 머릿속에 정리해둔 기본적인 줄거리를 전달하는 연습을 하면, 자연스럽게 청중과 눈을 맞추며 적극적으로 내용을 전달하려는 의지를 갖게 된다. 이러한 소통의 노력을 통해서 의외로 많은 청중들이 깊은 인상을 받게 된다.

물론 전략적인 암기가 필요할 때도 있다. 예를 들어 공식적인 자리에서 발표를 해야 할 때 시작과 끝에 해당하는 내용을 암기하는 것도 자신감을 얻는 방법이다. 처음 시작할 때 몇 문장이나 한 단락 정도를 외우면 말하기를 시작할 때 자신감을 갖고 시작할 수 있다. 마무리 부분에서도 주요 내용을 사전에 암기해두면 편한 마음으로 발표를 진행할 수 있다.

스토리를 전하는 발표에서 시작과 끝이 비슷한 장치로 구성되어 있음을 알 수 있다. 예를 들어 옛날 이야기라면 일반적으로 "Once upon a time"으로 시작해서 "and they lived happily ever after"로 끝난다. 스토리의 끝 부분에서 마무리할 때 망설이는 학생들이 많은데 "And that's the story of [title of story]...." 또는 "I know this story is true because I was there and came back to tell it to you."와 같은 문장으로 마치는 연습을 해보자.

그런데 수다쟁이 연습으로 스토리텔링 클럽을 강조할 때마다 내 마음이 불편해질 때가 많다. 스토리텔링을 가르칠 때마다 일상에서부터 말을 많이 해보기 연습을 해야 한다고 강조하지만 누구나 자신에게 소속된 문화와 관계 속에서 나름대로 본인만의 독특한 말하기 습관을 가지고 있다. 수줍게 말하는 사람도 있고, 말보다 글로 전하는 것이 편한 사람도 있다.

사실 많은 한국인 학습자들이 수다쟁이 정체성을 갖기 쉽지 않다. 가정 탓이든, 학교 탓이든, 수다는커녕 이야기 자체가 허락되지 않은 곳에서 자란 사람들이 꽤 많다. 영어를 배우면서 스토리텔러 정체성을 가져야 한다고 하면 왜 그리 말을 많이 해야 하고 자기 이야기를 꺼내야 하냐고 고개를 설레설레 흔드는 학습자도 있다. 중·상급 수준에서 영어 말하기 실력을 향상시키려면 말을 많이 해야 제대로 배울 수 있다. 문장으로 톡톡 끊어 말하는 수준이 아니라 스토리 단위로 말을 많이 해야 상급 수준의 말하기를 배울 수 있다. 책을 읽거나 테이프만 듣는다면 배울 수 없고, 반드시 스스로 말을 많이 해봐야 한다.

원어민과 말하면서 친밀감을 가지려면 약간의 과장된 표현이 필요할 때가 있는데 도무지 수다쟁이가 되기는 어렵고, 스토리를 말하기도 힘들다면 어떻게 해야 할까? 그럴 때는 좀 더 철저하게 자신의 스토리 수첩을 구성하며 준비한 스토리를 반복적으로 연습하면 말하기가 좀 더 편해질 것이다.

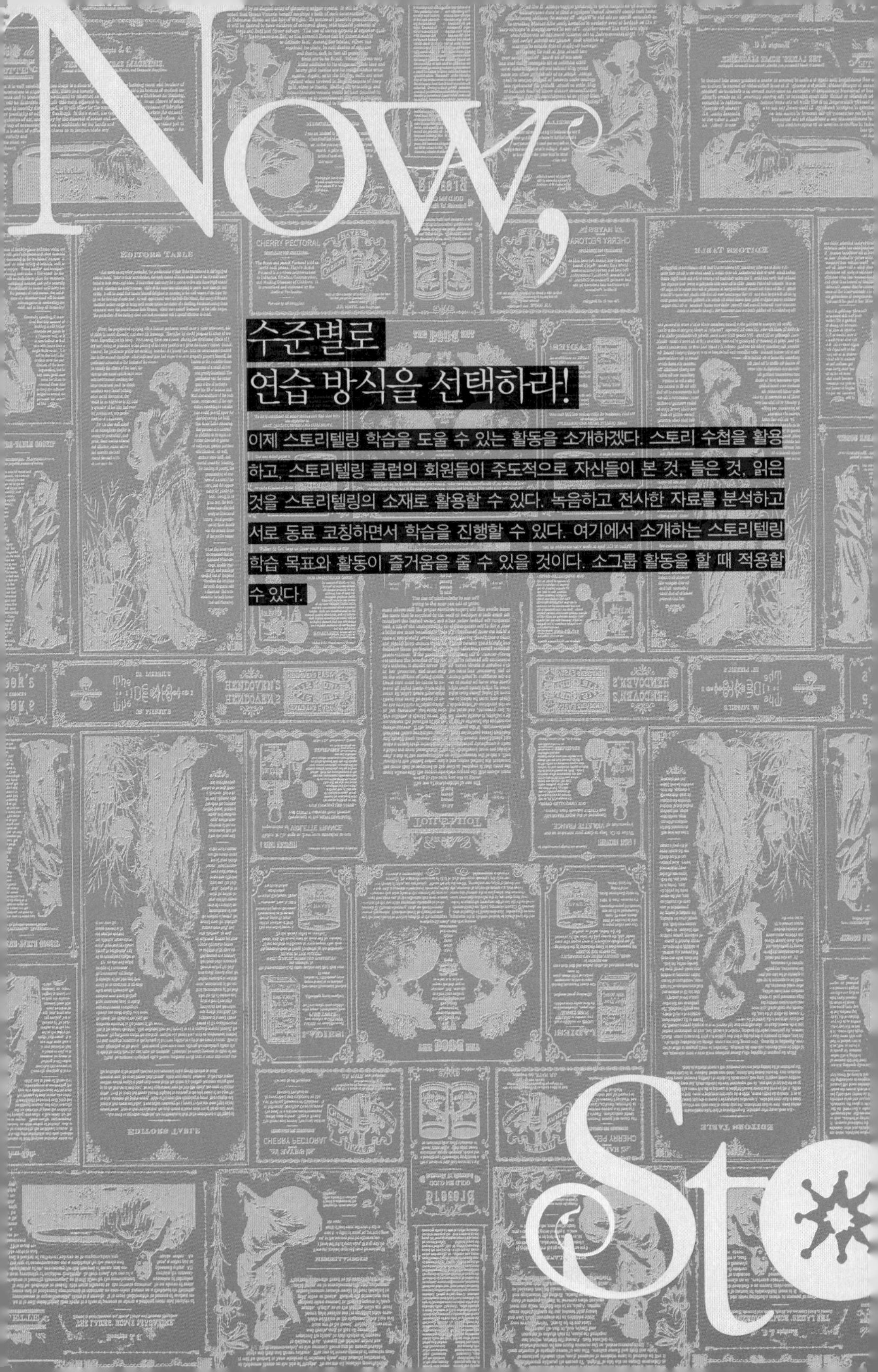

수준별로 연습 방식을 선택하라!

이제 스토리텔링 학습을 도울 수 있는 활동을 소개하겠다. 스토리 수첩을 활용하고, 스토리텔링 클럽의 회원들이 주도적으로 자신들이 본 것, 들은 것, 읽은 것을 스토리텔링의 소재로 활용할 수 있다. 녹음하고 전사한 자료를 분석하고 서로 동료 코칭하면서 학습을 진행할 수 있다. 여기에서 소개하는 스토리텔링 학습 목표와 활동이 즐거움을 줄 수 있을 것이다. 소그룹 활동을 할 때 적용할 수 있다.

Part
4
단계
[수준별 실천 방식]
yteling

01

물 흐르듯
스토리를 연결하라

스토리를 일단 시작하면 마무리하기 위해 물 흐르듯 자연스럽게 문장을 연결하고 끝까지 내용을 마치는 연습이 필요하다.

스토리텔링을 할 때 초·중급 수준의 학생들은 문장을 길게 이어서 말해야 한다는 부담감을 느끼지만 일단 짧은 문장을 조금씩 늘려가면서 스토리텔링을 연습할 수 있다. 각각의 문장을 스토리로 연결하는 것이 부담스러운 학생들은 우선 단어를 통해 스토리라인을 만들어보자. 스토리를 흘러가게 하는 연습이다.

1_ 쉬운 연습 1 스토리 서클(circle)

둥글게 앉자. 리더가 먼저 스토리를 시작하기 위해 한 문장을 제시한 후, 시계 방향으로 돌아가면서 각자 한 문장씩 더해가며 내용을 연결한다. 문장을 문법적으로 완성하는 것에 너무 연연하지 말고 '즉흥적으로 의미를 흘러 보내는 연습'에 집중하자. 단어 수준의 문장으로 말해도 괜찮다. 너무 머뭇거리지 말고 이야기의 내용을 연결해보자.

예시

리더(문장제시) : I watched TV last night.

A: I like F4.

B: very much assignment tomorrow

C: angry professor

D: Then, I turned off TV.

E: study, study

리더: 어젯밤에 TV를 시청했어.

A: 나는 F4를 좋아해.

B: 내일 매우 많은 과제물

C: 화난 교수님

D; 그래서 난 TV를 껐어.

E: 공부, 공부

스터디 리더를 위한 Tip

이야기 내용을 가급적 단순하게 구성하도록 한다. 갈등의 요소가 너무 많거나 복잡한 이야기는 통제하기 어렵다. 불필요한 내용은 집중력이 분산되기 쉬우므로 폭력적이거나 엉뚱한 내용은 말하지 않도록 한다.

B, C, E 학생은 문장을 완성시키지 않았지만, 위의 활동에 참여한 학생들 모두 잘했다. 이 연습을 꾸준히 하면 스토리의 의미를 즉흥적으로 연결시킬 수 있게 된다. 문법적으로 오류가 없는 문장을 말하는 것도 필요한 연습이지만, 길게 말하고 싶은 의미를 연결해서 말하는 것이 더욱 중요하다. 모든 참여자들이 각자가 말하는 것을 다 들었을 때, 스토리 서클 연습을 마무리할 수 있다.

 ## 쉬운 연습 2 **스토리 백(bag)**

상자나 가방 안에 물건을 집어 넣어둔다. 한 사람씩 물건을 꺼내 순서대로 배치한다. 한 학생마다 무작위로 세 개씩 꺼낸 물건에 대한 스토리를 즉흥적으로 만든다. 감각적인 느낌을 주는 문구용품, 사진, 여행 정보와 관련된 것 등을 넣어둘 수 있다. 스토리텔링 활동의 경험이 없는 학생들은 물건으로 즉흥적인 이야기를 만들기 쉽지 않을 수 있으므로 처음부터 문장으로 말하지 않아도 좋다.

예시

상자 안이나 책상 위에 핸드폰, 연필, 시계를 놓아 둡니다.

One day, I picked up a mobile phone... ahh, at a test center. I had to... I have, had a test, and I picked up a mobile phone during a break. A ring bell... yes, then I put... it in my pocket. During the test, the mobile phone rang, and I was kicked out. I had to take the test again.

어느 날, 시험장에, 아, 핸드폰을 들고 갔어… 나는 해야만 했는데… 나는 시험을 봐야 했어, 그래서 쉬는 시간에 핸드폰을 들었어. 벨소리가 울렸고… 그래, 그러고 나서 그것을 내 주머니에 넣었어… 시험 보는 동안, 소리가 울려서, 나는 퇴출되었어. 다시 시험을 봐야했어.

스터디 리더를 위한 Tip

좀 더 즉흥적인 스토리로 말하기 활동의 난이도를 높이려면 리더가 먼저 'zoo', 'shopping'과 같은 쉬운 단어를 하나 제시한다. 말할 차례인 학생은 리더가 제시한 단어와 관련된 이야기를 만들 때 상자나 가방에서 꺼낸 물건과 연관을 지어본다. 생각하는 시간을 오래 갖지 말고 빨리 흘러가게 말해야 즉흥적인 스토리텔링 연습이 된다. 물건 세 개를 한꺼번에 꺼내서 말하는 것도 좋지만, 물건을 하나씩 꺼내면서 한 문장씩 말하면 더 어려운 만큼 더 재미있다. 다음에 나올 물건이 무엇인지 모르기 때문에 더욱더 순발력과 재치가 필요하다. 나이나 개인의 관심사에 따라 amusement park, job interview 등의 주제를 사용할 수 있다.

3_ 쉬운 연습 3 Fortunately, Unfortunately 말 잇기

한 문장으로 처음-중간-끝을 말하는 연습을 하면서, 행동-반응, 사건-갈등, 갈등-해결의 스토리라인을 연습하기 위해 'Fortunately, Unfortunately 말 잇기' 활동을 제안한다. 이 연습은 혼자서도 할 수 있고, 짝이나 그룹 안에서도 가능하다.

우선 리더가 이야기의 첫 문장을 말한 후, 한 명이 다음 이야기를 이어가는데 반드시 'Fortunately'로 문장을 시작한다. 그 다음 학생은 'Unfortunately'로 시작하여 문장을 이어간다. 이야기가 겉돌면 다른 이야기를 시작할 수 있다.

예시

리더(문장제시): Yesterday I had a terrible headache.

A: Fortunately, I was at home and so I took a nap.

B: Unfortunately, the phone rang right.

C: Fortunately, the caller told me that I had just won the lottery.

D: Unfortunately, I soon realized it was my best friend playing a joke.

E: Fortunately, my friend invited me to come over and we had a wonderful time.

리더: 어제 심하게 머리가 아팠어.

A: 운 좋게도, 나는 집에 있었고 낮잠을 잤어.

B: 불행하게도, 전화가 바로 울렸어.

C: 운 좋게도, 상대방은 내가 복권에 당첨되었다고 말했어.

D: 불행하게도, 그것이 나의 가장 친한 친구의 장난임을 곧 깨닫았어.

E: 운 좋게도, 내 친구는 나에게 (집에) 오라고 초대했고 우리는 즐거운 시간을 보냈어.

스터디 리더를 위한 Tip

스토리 소재는 단순할수록 좋다. 부담이 된다면 말하기를 위한 순서나 횟수를 사전에 정해두는 것도 좋은 방법이다. 다음을 첫 문장으로 사용할 수 있다.

Yesterday the teacher gave us a lot of homework.
It rained the whole weekend.
Yesterday we decided to go to the baseball game.
My dog loves to chase cars.

어제 선생님께서 우리에게 많은 숙제를 내주셨다.
주말 내내 비가 왔다.
어제 우리는 야구경기에 가기로 결정했다.
우리 개는 차 쫓아가는 것을 좋아한다.

반전에 반전을 더하기 때문에 남녀노소 모두 이 연습을 좋아한다. 즉흥적으로 스토리를 구성하는 것이 처음 해보면 쉽지 않게 느껴지지만, 모두 즐겁게 활동에 참여할 수 있다. 자신감이 생기면 한 사람씩 일어나서 Fortunately-Unfortunately 문장을 교차로 만들면서 이야기를 구성하는 것도 좋은 방법이다. 청중은 스토리텔러의 문장이 끝날 때마다 "Oh, that's good.", "Oh, that's bad."라고 맞장구를 쳐줄 수 있다.

4_ 어려운 연습 1 방해꾼과 함께 이야기 만들기

많은 학생들이 방해꾼(Interrupter) 연습을 좋아한다. 스토리텔러 한 명이 앞에 나와서 어떤 스토리를 시작한다. 2~3 문장 정도 이야기를 만들면서부터 옆에 서 있는 방해꾼이 제시하는 단어로 이야기를 진행해야 한다. 스토리텔러의 이야기를 엉뚱한 방향으로 이끄는 'Bad Interrupter'와 이야기가 논리적으로 연결되도록 도와주는 'Good Interrupter'가 있다.

엉뚱한 단어로 즉흥적인 스토리를 만드는 연습이 부담스럽다면 먼저 'Good Interrupter'와 함께 시작해보자. 두 명(A, B)을 뽑아 앞으로 나오게 한 다음 A에게 스토리 하나를 제시하게 한다. A가 말하는 동안 방해꾼 B는 A 이야기를 잘 듣고 있다가 중간중간에 A의 이야기와 관련된 단어를 제시한다. 서로 협력하면서 이야기를 진행시키는 재미가 있다. 그런 다음 A와 B가 서로 역할을 바꿔서 진행한다.

이 연습에 자신감이 생기거나 좀 더 재미나게 스토리텔링 연습을 해보고 싶다면 'Bad Interrupter'를 등장시키자. A가 말하는 동안 B는 이야기와 전혀 상관없는

단어만으로 방해한다. 이때 A는 즉흥적으로 B가 제시한 단어와 관련시켜 이야기를
연결한다.

예시

스토리텔러:	Yesterday it was so hot. My friend, Eugine and I went to a swimming pool. It was located near Yangjae-dong.
방해꾼:	snow
스토리텔러:	Ah… there I met a friend of Eugine. We met last winter when it snowed. I remember it was a quite cold day. He was….
방해꾼:	lipstick
스토리텔러:	Yes, he was a salesperson of lipstick. He had a cosmetic shop then….
방헤꾼:	toilot papor
스토리텔러:	….

스토리텔러:	어제는 너무 더웠어요. 내 친구 유진과 저는 수영장에 갔어요. 양재동 근처에 있어요.
방해꾼:	눈
스토리텔러:	아… 거기서 저는 유진의 친구를 만났어요. 우리는 눈이 왔을 때 지난 겨울에 만났죠. 꽤 추운 겨울로 기억해요. 그는….
방해꾼:	립스틱
스토리텔러:	네, 그는 립스틱을 파는 세일즈맨이었어요. 그는 그때 화장품 가게를 갖고 있었어요….
방해꾼:	화장실 휴지
스토리텔러:	….

스터디 리더를 위한 Tip

이야기의 진행이 산만해진다면 1분 정도 시간을 정해두고 연습하는 것이 좋다. 또 시작하기 전에 이야기
의 방향을 정해두는 것이 좋다. 예를 들어 '토끼와 거북이' 이야기를 만들어보자고 정한 후 내용을 크게
벗어나지 않는 단어로 방해꾼이 개입하고 스토리텔러도 이야기의 내용을 크게 벗어나지 않도록 진행한다.

02

스토리 구성 요소부터 채워라

모든 스토리에는 처음-중간-끝이 있거나, 좀 더 구체적으로는 사건 도입-갈등 제시-사건 해결의 시도-결과의 순서가 있다고 앞에서 설명했다. 직선의 구조로 스토리를 완성할 수도 있고, 스토리를 순환시키고 확장시키면서 완성할 수도 있다. 즉흥적인 스토리를 만들어가는 연습을 충분히 하면서 이제 스토리의 구성 요소를 채워가며 말하는 연습을 해보자.

1_ 쉬운 연습 1 세 문장 스토리라인 만들기

논술 시간에 서론-본론-결론 구성 요소에 대해 배웠듯이 스토리텔링 연습을 할 때에도 처음-중간-끝을 연결해서 말해보는 연습이 필요하다.

참여자들에게 등장인물(character), 배경(setting), 문제(problem) 칸에 각각 해당되는 단어나 구문을 작은 종이에 하나씩 적어 제출하게 한다. 각자 적은 내용은 서로 볼 수 없도록 한다. 다음은 네 명의 학생이 제출한 내용을 요약한 것이다.

등장인물	배경	문제
grandmother	school library	no money
my best friend	concert hall	too cold
president Obama	beach	too sleepy
bus driver	toilet	fall in love

그리고 한 명씩 나와서 각각의 범주에서 종이를 하나씩 선택한다. 예를 들어 한 명이 등장인물에서 'grandmother'를, 배경에서 'school library'를, 문제에서 'no money'를 선택했다면, 그 학생은 각각 순서와 의미에 맞게 '할머니-학교-돈이 없는'에 관해 하나의 스토리를 즉흥적으로 만들도록 한다.

예시

My grandmother is too naive.

She goes to the college library everyday... and she meets a boyfriend there. Her boyfriend often asks her some money. She gives money to him and has almost no money now.

우리 할머니는 너무 순진해요.

그녀는 매일 대학 도서관에 간답니다… 그리고 거기서 남자친구를 만나요. 남자친구는 자주 할머니에게 돈을 요구해요. 그녀는 그에게 돈을 줘서 지금은 거의 돈이 없어요.

스터디 리더를 위한 Tip

갑자기 스토리를 길게 말하는 것이 당황스럽고 불편할 수 있으므로 우선 각 스토리 구성 단계마다 한 문장씩만 말해보면서 전체 스토리를 차근차근 연결하는 연습이 필요하다. 잘하든 못하든 한 문장씩만 말하게 한다. 영어 말하기를 조금 잘한다고 계속 말하면 스토리가 옆길로 새거나 다른 학생들이 괜히 위축될 수 있다.

스토리 매핑은 이야기의 모든 구성 요소를 눈으로 보며 하는 연습이다. 말로 길게 스토리를 전하다보면 꼭 말하고 싶은 배경을 놓치거나, 끝을 맺지 못하거나, 갈등의 사건을 건너뛰기도 한다. 어떤 학생들은 내용을 모두 외우기도 하는데 먼저 전체 스토리의 흐름을 일련의 그림으로 먼저 구상하는 것이 좋은 방법이다.

스토리를 그림 몇 컷으로 옮겨서 스토리 맵을 완성하면 한 사람씩 일어나서 모두에게 맵을 보여주면서 이야기를 전한다. 보드나 공책에 그려도 되지만 한 장의 카드에 하나씩 그림을 그린 다음, 카드를 섞어서 순서대로 맞추는 활동도 재미있다. 이와 같은 연습을 스토리보딩(storyboarding)이라고 부른다. 스토리의 시각적 대본이다. Pixar의 스토리 구성 작업팀도 스토리보딩 회의를 자주 한다.

예시

It was my daughter's birthday. I planned to buy some books for her birthday present. My wife thought about a couple of small teddy bears. But it looked like my daughter was not happy about the ideas. She didn't say anything about her favorite. Then we all went out to go shopping. First we had really delicious food at a restaurant. She looked happy, then told us that she wanted to have a teddy bear for her present. But it should be a big one. We were very happy to buy her a big teddy bear. She liked it very much. She was happy. We were happy.

딸의 생일이었어요. 전 생일선물로 책을 사줄 계획이었죠. 아내는 작은 곰인형 몇 개를 생각했고요. 그런데 제 딸은 그 계획에 대해 기뻐하지 않은 것 같았어요. 자신이 좋아하는 것에 대해 아무 말도 하지 않았어요. 우린 모두 쇼핑을 하러 나갔죠. 우선 레스토랑에서 맛있는 음식을 먹었어요. 딸은 기분이 좋아 보였어요. 그때 그녀는 선물로 곰인형을 원한다고 말했어요. 그런데 큰 것이어야 한다고 했어요. 우리는 딸에게 큰 곰인형을 사주고 정말 기뻤어요. 딸도 정말 좋아했죠. 딸도 행복했어요. 우리도 행복했어요.

스터디 리더를 위한 Tip

발표자는 첫 그림에서 리더의 "What happened first?" 질문에 답하면서 스토리텔링을 시작하면 자연스럽다. 각자 그림을 그릴 때는 되도록 빨리 그리도록 한다. 그림에 너무 많은 시간을 소요하면 집중력이 흩어지게 된다. 그림이 중요한 것이 아니고 스토리텔링 연습이 더 중요하다는 것을 기억하라. 그림으로 표현하기 어려우면 말풍선을 이용해서 말을 넣어도 좋다.

3_ 쉬운 연습 3 30초 안에 스토리 만들기

시험장이든 교실 밖 실제 영어 말하기 상황을 관찰해보면, 많은 학습자들이 스토리를 시작할 때 시간을 지체하는 것을 알 수 있다. 이야기를 전개시키지 못하고 시작 부분에서 상황과 사람에 대해 묘사하는 시간을 너무 소모하는 것이다. 이런 학생들에게는 이야기 내용을 처음부터 끝까지 빨리빨리 얘기해보는 연습이 유익하다. 전체 스토리텔링 발표 시간을 30초로 제한하고 신속하게 말하는 연습을 해보자.

먼저 4명이 차례대로 이야기 내용을 연결시키면서 하나의 이야기를 완성하는 연습을 해보자. 첫 번째 사람은 등장인물과 배경을 설명한다. 두 번째 사람은 사건을 도입시키고, 세 번째 사람은 사건 속에서 갈등을 부각시키고, 마지막 사람이 이 사건을 해결하도록 한다. 각자 무작위로 역할을 지정하고 맡은 부분을 최대 10초 동안 빨리 말한다. 한 사람이 가급적 30초를 넘지 않도록 한다.

이야기를 적절하게 끝맺음하는 연습도 참 중요하다. 먼저 30초 연습을 하면서 지치면 60초 동안 이야기를 하나씩 마치는 연습으로 확대해본다.

《30초 안에 끝내기》

A: A long time ago, there was a little boy living with wolves in the cave.

B: One day, an old lady came to the cave and carefully looked inside.

C: When the old lady saw the boy in the cave, she began to cry.

D: She was the boy's grandmother. She saved him out of the wolves and ran away.

A: 아주 옛날에, 동굴에 늑대들과 사는 소년이 있었어요.

B: 어느 날, 어떤 할머니가 동굴에 왔고 조심스럽게 안을 들여다봤어요.

C: 그 할머니는 동굴 안에 있는 소년을 보고 울기 시작했어요.

D: 그녀는 그 소년의 할머니였어요. 그녀는 늑대들로부터 소년을 구출했고 도망쳤어요.

《60초 안에 끝내기》

A: Hundreds years ago, there was a little boy lived in the cave. The boy looked frightened because he was surrounded by scary wolves.

B: The cave was miles away from the town, and only few people knew where it was. One day, an old lady managed to find the cave. She carefully looked inside the cave.

C: She looked somewhat afraid and suddenly she burst into tears when she saw the boy in the cave.

D: The boy was her lost grandson! Even though the cruel wolves started attacking the old lady and the son, she saved him out of the animals.

A: 수백 년 전, 동굴에 사는 소년이 있었어요. 그 소년은 두려워 보였어요. 왜냐하면 소름끼치는 늑대들이 그의 주위에 있었거든요.

B: 그 동굴은 마을에서 수마일 떨어진 곳이어서 몇 사람만 그곳을 알았어요. 어느 날, 어떤 할머니가 겨우 그 동굴을 찾았어요. 그리고 조심스럽게 동굴 안을 들여다보았어요.

C: 그녀는 조금 두려웠는데 동굴 안에 있는 그 소년을 보고, 갑자기 울기 시작했어요.

D: 그 소년은 그녀가 잃어버린 손자였어요! 잔인한 늑대들이 할머니와 소년을 공격하기 시작했지만, 할머니는 동물들로부터 손자를 구출했어요.

영어를 잘하는 사람이든 못하는 사람이든 모두에게 기회를 주자. 초침이 보이는 시계를 발표자 앞에 두면 빨리 말해야 하는 압박을 느낄 수 있지만 더 능동적으로 말하는 연습을 할 수 있다. 30초 안에 무조건 이야기를 마치고 가장 좋은 스토리를 함께 선택하도록 한다. 30초 스토리가 익숙해지면 시간을 조금씩 늘리면서 내용을 덧붙인다.

4_ 어려운 연습 1 뮤직 스토리 만들기

음악을 이용해서 스토리를 만드는 연습이다. 리더는 어떤 스토리가 있거나, 스토리를 연상할 수 있는 음악을 준비한다. 모두 음악을 들은 후(필요하다면 가사를 모두 눈으로 보고 이해한 후) 음악에 등장하는 이야기 속의 등장인물, 배경, 사건, 위기, 결말 등을 상상해본다. 다음 질문을 활용해서 스토리를 만들어보자.

(1) Who are the main characters?

(2) Who are they?

(3) What is happening to them?

(4) What conflicts are they suffering?

(5) When does this happen?

    (1) 주인공들은 누구인가요?

    (2) 그들은 누구인가요?

    (3) 그들에게 무슨 일이 일어났어요?

    (4) 그들은 어떤 갈등으로 고생하나요?

    (5) 그 일이 언제 일어나요?

'Monday Morning 5:19'라는 팝송을 들어보면 여자친구와 헤어진 후 전화를 했더니 집에 돌아오지 않았다는 내용이다. 먼저 이 내용을 간결하게 영어로 요약하는 연습을 한 후, 더 복잡한 스토리를 구성하여 노래 속의 장면을 전체 내용의 처음-중간-혹은 마지막에 올 지 정하는 것도 재미있는 연습이다.

다음의 예시 내용은 노래 속 장면을 마지막에 넣고 스토리를 재구성한 것이다. 음악이 있는 스토리텔링 연습은 반복적인 영어 말하기 공부에 활력을 줄 수 있다.

예시

My boyfriend and I... have been dating for 10 years. My boyfriend doesn't like to go to a party and get along with others. Last Sunday was my best friend, Sara's birthday. She invited me to her birthday party, and of course I would love to join the party... Umm... the party was supposed to start at 9:00 p.m. on Sunday. It was late on Sunday, but, you know, she was my best friend. I had to go.

That night, my boyfriend visited me without any notice. I had to leave at least 8:00 p.m. I said to him, "You'd better leave, because I have to be at work by Monday 8 a.m." I told him a lie and he bought it. I never told him a lie, but it was weird to tell him I had to go to a party at 8:00 p.m. on Sunday.

Anyway, I went to a party, and enjoyed that night with my friends. As I came back home, I found that my boyfriend kept calling me more than 10 times. I tried to call him and explained about what happened. But he didn't get my call at all. He must be very angry at me. Later today, I should go to his house and meet him. I want to apologize. I didn't have to tell a lie.

제 남자친구와 전… 10년 동안 사귀었어요. 남자친구는 파티에 가서 다른 사람들과 어울리는 걸 싫어해요. 지난 일요일은 저의 가장 친한 친구 사라의 생일이었어요. 그녀는 생일파티에 저를 초대했고, 물론 저는 그 파티에 가고 싶었죠… 음… 그 파티는 일요일 저녁 9시에 시작하기로 되어 있었어요. 일요일 늦게 시작했지만… 그래도… 그녀는 저의 가장 친한 친구이니까요. 저는 가야만 했죠.

그날 밤, 남자친구는 사전에 어떤 연락도 없이 저를 찾아왔어요. 저는 적어도 8시에는 일어나야 했어요. 저는 남자친구에게 이렇게 말했죠. "너는 가는 게 좋겠구나. 내가 월요일 아침 8시까지 출근해야 되거든."

저는 그에게 거짓말을 했고, 그는 그대로 믿었어요. 저는 그에게 거짓말을 한 적이 없었지만, 일요일 8시에 파티에 가야 해서 그에게 거짓말을 했어요.

어쨌든, 저는 파티에 갔고, 친구들과 그날 밤 즐겁게 보냈어요. 집으로 돌아왔을 때, 저는 남자친구가 제게 10번 이상 전화한 것을 알았어요. 저는 그에게 전화해서 무슨 일이 있었는지 설명하려고 했어요. 그런데 그는 전혀 제 전화를 받지 않았어요. 분명 제게 화가 많이 난 거 같아요. 오늘 이후, 저는 그의 집에 가서 그를 만나야 해요. 사과하고 싶어요. 저는 거짓말을 할 필요가 없었어요.

03

배경과 인물을 실감나게 묘사하라

다음 단계로 배경과 인물에 살을 붙여보자. 언제, 어디서, 누가, 누구와 함께 일어난 일인지 기본적인 정보와 상대방이 알고 싶은 것, 듣고 싶은 것이 무엇인지에 대해 구체적으로 말할 수 있는 연습이 필요하다. 듣는 사람을 배려한 충분한 배경 설명은 스토리텔링의 기본 조건이다.

초·중급자가 스토리를 전할 때 전체적으로 등장인물에 관한 묘사 정보가 부족한 편이다. 인물의 머리 모양, 얼굴 생김새, 전체적인 인상, 옷차림, 성격 등에 대해 묘사하기 위해 외모와 성격을 나타내는 형용사와 동사 어휘를 상황에 맞게 적절히 사용하는 연습이 필요하다.

1_ 쉬운 연습 1 내 사진 속의 배경과 인물 말하기

각자 여행, 학교나 회사의 행사, 친구와 찍은 사진을 가져온다. 그 사진을 보여주면서 한 사람씩 돌아가면서 3분 동안 사진 속의 'when', 'where', 'who'에 해당되는 정보에 관해 설명한다. 스토리텔링 연습 초보자에게 3분은 꽤 긴 시간이 될 수 있다. 기본 정보만으로는 채울 수 없으므로 사진 속에 등장하는 인물의 세부적인 정보에 대해 말하고, 별명이 있다면 왜 그런 별명이 생기게 되었는지 언급할 수도 있다.

반복적으로 묘사 위주의 연습을 해보면 자기가 어떤 부분이 부족한지 파악할 수 있다. 말하려는 의도대로 표현이 잘 되지 않는 부분과 부족하다고 느끼는 묘사와 관련한 어휘도 함께 공부할 수 있다.

예시

It's me... in the center. Ah... it was taken in Deep Cove, Canada. The place is surrounded by low mountains on all sides and they are thickly wooded. The water looked really really dark, but it was calm and glassy. As you can see here, there were clouds in the sky, and they enveloped the upper part of the mountains. I looked really excited here, right? I was screaming because I was scared and also joyful as well, when I held a very big star fish in my left hand. The star fish was larger than my face, and it was... bumpy on the surface. It was not easy to catch it with a bare hand. It was quite slippery. I put on an orange life jacket and it perfectly fit on me. I was accompanied an experienced safety guard just in case I would fell into trouble. She was on a green kayak and she put some kind of safety equipment on the head of her kayak. While I took the picture, she was tightly holding my kayak.

가운데에 있는 사람… 접니다. 아… 이건 캐나다에 있는 딥 코브에서 찍은 거예요. 그곳은 주위가 모두 낮은 산들이고 울창한 숲이 있어요. 물은 정말 정말 어둡지만, 조용하고 잔잔해요. 사진에 있는 것처럼, 하늘에 구름이 있고, 산의 위쪽에 구름이 걸쳐 있어요. 제가 이곳에서 정말 즐거워 보이죠? 왼쪽 손에 매우 큰 불가사리를 잡고 있을 때 무섭기도 했지만 즐거워서 소리를 지르고 있었어요. 이 불가사리는 제 얼굴보다 크고… 표면이 울퉁불퉁했죠. 그것을 맨손으로 잡는 것은 쉬운 게 아니었어요. 정말 미끄러웠거든요. 저는 오렌지색 구명조끼를 입었고 제게 딱 맞았어요. 혹시 모를 상황에 대비해서 숙련된 구조요원과 동행했어요. 그녀는 초록색 카약에 있었고 저는 카약 앞부분에 있는 안전 기구를 잡고 있었죠. 사진을 찍을 때, 그녀는 저의 카약을 꼭 붙잡고 있었어요.

스터디 리더를 위한 Tip

자신의 사진을 가져와서 그와 관련된 이야기를 직접 말해본다. 각자 돌아가면서 사진을 묘사할 때 반드시 시간을 정해두고 한 사람씩 이야기하도록 하자. 혼자 해야 자신의 묘사 능력을 진단할 수 있다. 우리가 영어를 공부하는 가장 중요한 목적은 세상과 소통하기 위한 것이므로 나의 이야기를 내가 먼저 적극적으로 말할 줄 알아야 한다. 이것이 스토리텔링 연습이 누구에게나 필요한 이유다.

2_ 쉬운 연습 2 스토리 속 등장인물에 대해 구체적으로 말하기

각자 잘 알고 있는 스토리에 등장하는 캐릭터를 먼저 선택한 후 그 캐릭터의 모습을 구체적으로 상상해보자. 그 다음 다음 질문에 따라 캐릭터의 모습을 구체적으로 묘사한다.

(1) What does the character look like? How would you describe the character's face, eyes, nose, skin, mouth, teeth, feet, and hands? What color is its hair? How tall is the character? How old is the character?

(2) If the character is an animal(or perhaps a monster), how would you describe its fur? If the character wears clothes, what does it look like?

(3) What kind of house does the character live in? Where does it like to sleep, eat, play or work?

(4) What does the character sound like when it speaks?

(5) Is the character angry, sad, silly, scared, shy, mean, or a combination of some of these things?

(1) 주인공은 어떻게 생겼나요? 주인공의 얼굴, 눈, 코, 피부, 입, 치아, 발과 손을 어떻게 묘사할 것인가요? 머리 색깔은 어떤가요? 키는요? 나이는요?

⑵ 주인공이 동물(또는 괴물)이라면, 당신은 그것의 털을 어떻게 묘사할 건가요? 주인공이 옷을 입었다면, 어떻게 보이나요?

⑶ 주인공이 사는 집은 어떤 종류의 집인가요? 자고, 먹고, 놀거나 일하는 것을 어디에서 하나요?

⑷ 주인공이 말할 때, 그 소리는 어떤가요?

⑸ 주인공은 화내고, 슬퍼하고, 바보같고, 두려워하고, 수줍어하고, 비열한가요? 아니면 이런 감정들이 복합적인가요?

예시

Shrek is a large, green monster. He has a bare head and it is even shiny. His eyes are quite big and bright. He has a big, round, flat nose. His ears are not that big as compared with others. They look like some kind of elf's ears. And he has a big belly and his hands are big enough to grab three mice. He looks grumpy and stupid, but some kind of scary. And he has a loud and full voice with a Scottish accent. Shrek lives in an swamp. The swamp is green and murky. The swamp contains small and big ponds of muddy water.

슈렉은 덩치가 큰 녹색 괴물이에요. 대머리인데 빛이 날 정도죠. 눈은 꽤 크고 밝아요. 코는 크고, 둥글고, 평평해요. 귀는 다른 것과 비교될 정도로 크지는 않아요. 귀는 마치 요정 귀 같아요. 배는 크고 손은 세 마리의 쥐를 쥘 수 있을 정도로 커요. 그는 무뚝뚝하고 아둔해 보이지만, 무섭지는 않아요. 소리는 우렁

차고 스코틀랜드 악센트가 있어요. 슈렉은 늪에서 살아요. 늪은 녹색이고 어두운 곳이에요. 그 늪은 작고 진흙이 섞여 있는 큰 웅덩이죠.

초 · 중급 수준에서 묘사에 관한 질문에 답하는 것은 쉽지 않으므로 어휘를 많이 알고 있는 학생들이 적극적으로 참여하도록 한다. 수식어가 많지 않은 간단한 문장으로 말하면 모두가 참여해서 같은 문장에 묘사 정보를 더 보태는 연습을 할 수 있다. 예를 들어 "The woman lived in the castle."로 캐릭터를 설명했다면, 누군가가 곧장 그 문장에 형용사나 수식어를 보태서 "The mysterious woman lived alone in the abandoned castle."처럼 앞의 문장에 살을 붙여보자. 말을 연습할 때는 생각할 시간을 많이 갖지 말고 즉흥적으로 말하는 것이 중요하므로 화려한 수식어와 완벽한 문법에 대해 생각하지 말고 그저 머릿속에서 떠오르는 어휘를 이용해서 연습하도록 한다.

3_ 어려운 연습 1 **음악 속 배경 설명하기**

음악을 다시 이용해보자. 재즈, 클래식, 영화 음악 어떤 음악이든 좋다. 먼저 음악을 들려주고 어떤 배경이 떠오르는지 서로 말하게 한다. 청각적인 활동 후에 말하기 연습을 하면 집중이 잘 된다.

준비한 영화 속 배경 음악을 들려주면서 영화의 당시 장면을 설명하며 시대적 배경, 장소의 특징을 구체적으로 말해보자. 가급적이면 모두에게 익숙한 장소 · 상황을 묘사할 수 있는 연습이 좋지만, 자신이 잘 알고 있는 배경을 전혀 알고 있지 못한 사람에게 설명한다는 마음가짐도 필요하다. 아프리카 오지에서 온 사람이나 지구 밖 외계인에게 설명해야 한다고 생각하면서 최대한 구체적인 정보를 말해보자. 처음에는 대부분의 학생이 "It is pretty.", "It looks like Seoul."이라는 식으로 몇 마디만 하고 그저 웃는다. 이 활동으로 학생들이 감당할 수 있는 묘사 능력의 최대치를 진단해볼 수 있다.

Sound of Music 영화 음악을 들려준다.

Background is like this... it's just a landscape. The sun is high up in the sky shining very brilliantly. It is a very pleasant day. There is not a cloud in the deep, brilliant sky. There are some children and a lady, and they are sitting in a circle and singing together. The place they are sitting now is in the middle of a green meadow. The meadow is surrounded by such high, steep mountains! The grass is thick and shiny. It really seems like a piece of painting.

배경은 마치… 풍경화 같아요. 태양은 매우 밝게 빛나는 하늘에 높이 떠 있어요. 아주 멋진 날이죠. 청명한 하늘에 구름 한 점 없어요. 몇몇 아이들과 숙녀 한 명이 있는데 그들은 동그랗게 앉아 함께 노래를 부르고 있어요. 지금 그들이 앉아 있는 장소는 푸른 풀밭 한 가운데입니다. 초원은 높고 가파른 산들로 둘러싸여 있어요! 풀은 울창하고 빛나요, 정말 한 폭의 그림 같아요.

잘 모르는 음악을 들은 후 영화의 배경과 장소를 추측해보는 것도 즐거운 연습이다. 음악을 좋아하는 친구와 함께 음악을 듣고 가사를 말하기 전에 상황을 추론하는 연습을 해도 좋다. 이야기의 줄거리를 만드는 것에만 치중하지 말고 배경을 구체적으로 설정하는 연습을 하자.

 ## 어려운 연습 2 **오감을 통해 묘사하기**

마지막으로 오감을 이용해서 묘사 활동을 연습해보자. 몇 개의 주머니에 오감을 느낄 수 있는 물체(비누, 굵은 소금, 나뭇잎, 라면, 방울토마토, 바나나)를 넣어둔다. 학생들에게 그 물체의 냄새를 맡거나 맛을 본 후 그 물체가 무엇인지 파악하도록 한다. 그래도 잘 모르겠다면 눈으로 확인한 후 각 물체의 특성을 묘사하게 한다. 이때 물체의 이름을 바로 언급하지 않도록 한다.

'썩은 냄새가 난다', '미끈하다', '거칠거칠하다' 등의 묘사와 관련한 정보를 어떻게 영어로 표현해야 할지 금방 떠오르지 않으면 충분히 말하기 연습을 한 후에 궁금했던 어휘를 찾아보자.

예시

It's like... a tropical fruit. It is a medium-sized plum somewhat similar size as a nut. The outside is... covered by a pink-red skin, it looks hard and lumpy. And the inside has a white colored and ball shaped fruit. It looks sweety.

이건 마치… 열대 과일 같아요. 너트와 비슷한 크기인데 중간 크기의 자두죠. 겉은… 분홍-빨간색 껍질로 단단하고 울퉁불퉁해요. 속에 흰색 공 같은 과일이 있어요. 맛은 단 것 같아요.

스터디 리더를 위한 Tip

이 연습을 제대로 진행하지 못하면 그저 재료의 이름을 빨리 맞추는 어수선한 게임이 될 수 있으므로 주어진 시간에 최대한 구체적으로 천천히 사물을 묘사하도록 한다. 준비물을 활용하기 어려운 상황이라면 음식을 소재로 말하기 연습을 해도 좋다. 어제 저녁에 먹은 음식, 지금까지 먹어본 것 중에 제일 맛있는 음식, 최악의 음식에 대해서 스토리텔링할 수 있다. 냄새, 맛, 모양을 직접 느낄 수 있듯이 설명한 후, '지난주 최악의 음식', '최고의 음식'을 투표로 뽑는 것도 즐거운 활동이다.

04

스토리 작가가 되어 말해보라

스토리를 전하는 목표나 관점에 따라 내용 전개가 달라질 수 있다. 똑같은 줄거리라고 하더라도 방해물, 훼방꾼의 역할을 스토리 속에서 의식적으로 크게 부각시켜 다른 목표나 입장으로 스토리텔링할 수 있다. 등장인물의 목표와 입장에 따라 등장인물의 내적 고민이 다르게 전달될 수 있으므로 다른 입장에서 스토리 안에 있는 갈등이나 위험 정보를 적극적으로 말해보는 전략을 배워보자.

어떤 사건의 원인과 결과를 묶어서 말하는 연습도 필요하다. 시간 순서대로 사건을 나열할 수 있다면 'Why' 질문에 초점을 맞추어 사건을 원인과 결과로 결속시켜보자. 영어로 스토리텔링을 잘하는 사람의 자료를 분석해보면 반드시 시간 순서에 따라 원인과 결과의 관계를 가진 문장들이 나열되어 있다.

1_ 어려운 연습 1 **스토리의 재구성**

누구나 이미 잘 알고 있는 이야기를 자신만의 버전으로 줄거리, 등장인물의 목표를 바꾸어 말해보자. 스스로 작가가 되어 상상력을 발휘하여 말하는 연습을 할 수 있다. 앞에서 스토리의 줄거리를 말해보는 연습을 주로 했다면 이제 줄거리의 흐름을 바꾸는 연습을 하자. 백설공주와 같이 어린 시절 읽었던 동화도 좋고, 누구나 잘 알고 있는 영화와 소설의 줄거리를 이용해도 좋다.

백설공주(Snow White) 이야기를 다음과 같이 바꿔보자. 공주의 성격을 좀 더 적극적으로 바꿔서 이야기의 흐름을 바꿔볼 수 있다.

예시

Snow White was quite clever and independent. She was clever enough to run away from her step-mother. Her step-mother kept chasing her, and she decided to go abroad. She reached India and met a sage. She was told to stay in India. Snow White was brave to stay long outside the kingdom. Then she met an Indian prince. He loved beautiful Snow White, and she also fell in love with him. They got married and lived happily in India.

백설공주는 꽤 영리하고 독립적이었어요. 계모로부터 도망갈 정도로 영리했지요. 계모는 백설공주를 추적했고, 그녀는 해외로 나가기로 했어요. 그녀는 인도에 가서 도인을 만났어요. 그는 그녀에게 인도에 머물도록 했죠. 백설공주는 왕궁 밖에서 오래 머물 정도로 용감했어요. 그때, 그녀는 인도 왕자를 만났어요. 그는 아름다운 그녀를 사랑했고, 그녀 또한 그와 사랑에 빠졌어요. 그들은 결혼해서 인도에서 행복하게 살았어요.

스터디 리더를 위한 Tip

스토리 속 등장인물이 새로운 문제나 도전에 직면하는 이야기로 재구성해도 된다. 그러나 등장인물의 관점, 의도, 성격이 바뀌면, 자연스럽게 사건과 갈등도 바뀌고 결말도 바뀐다. 따라서 스토리텔링의 클럽의 리더는 큰 줄거리부터 바꾸려고 하지 말고 등장인물의 성격, 특성, 의도를 바꾸는 연습을 하도록 유도한다.

2_ 어려운 연습 2 등장인물 입장마다 다르게 말하기

리더가 모두 잘 알고 있는 스토리를 선택한다. 그리고 스토리 속 주요 등장인물의 수만큼 발표자를 앞으로 나오게 한다. 발표자마다 이야기 속 등장인물을 선택한 후, 그 등장인물의 시각에서 줄거리를 조금씩 바꾸어 말한다. 모두가 잘 아는 '슈렉' 이야기를 골랐다면, 네 사람(A, B, C, D)이 앞으로 나와서 각각 A는 슈렉 입장에서, B는 피오나 공주의 입장에서, C는 덩키의 입장에서 스토리 줄거리를 다시 말하는 것이다. 처음에는 같은 줄거리를 시작하겠지만 말하기의 목표, 갈등의 수위, 결말에 따라 각자의 입장에서 다른 이야기가 전개될 것이다.

예를 들어 신데렐라 스토리를 우리가 잘 알고 있는 평범한 줄거리부터 전해보자. 특정 인물에 특별한 감정이입을 자제하고 전체적인 내용 전달에 초점을 맞춘다.

신데렐라 스토리: 중립적인 입장에서의 줄거리

사건 1	One day, Cinderella heard that the Prince invited all the ladies to the party. Cinderella made her dress for the ball. 어느 날, 신데렐라는 왕자가 파티에 모든 숙녀들을 초대한다고 들었어요. 신데렐라는 무도회를 위한 드레스를 만들었어요.
사건 2	However, Cinderella knew that her dress became dirty, and she started crying in despair. Then, her fairy Godmother appeared and helped her attending the ball. 그러나 신데렐라는 드레스가 더러워진 것을 알았고, 슬퍼서 울기 시작했죠. 그때, 요정이 나타나서 그녀가 무도회에 갈 수 있도록 도와주었죠.
사건 3	Cinderella managed to arrived the ball, and she began to dance with the Prince. 신데렐라는 가까스로 무도회에 도착했고, 왕자와 춤을 추기 시작했어요.
사건 4	Cinderella lost track of time and left only at the final stroke of midnight, and she lost one of her glass slippers on the steps of the palace. 신데렐라는 시간 가는 줄도 몰랐고 자정을 알리는 마지막 타종이 울릴 때 떠나서, 왕궁의 계단에 유리구두 한 짝을 남겼습니다.
사건 5	The Prince tried the slipper on all the young women in the land and he finally met Cinderella. 왕자는 모든 젊은 여자들에게 그 구두를 신겨보았고 마침내 신데렐라를 만나게 됩니다.
사건 6	Cinderella and the Prince lived happily-ever-after. 신데렐라와 왕자는 그후로 행복하게 살았습니다.

이번에는 의붓 자매 입장에서 스토리 줄거리를 구성해보자. 의붓 자매의 관점이므로 전체적인 줄거리에는 신경질적이고 교활한 신데렐라에 대한 감정이 표출되어 있다.

<table>
<tr><td>의붓 자매의 입장에서 재구성</td></tr>
</table>

사건 1	One day, when the Prince invited us at the ball, we asked Cinderella to go together. However, she didn't want to go with us. 어느 날, 왕자는 파티에 우리를 초대했고, 우리는 신데렐라에게 같이 가자고 했어요. 그런데 그녀는 우리와 같이 가고 싶어하지 않았어요.
사건 2	On the very day of the ball, she hysterically yelled at us because her dress was dirty. But, she never washes her clothes by herself! We prepared everything perfectly on our own, but she didn't. Thankfully, her fairy Godmother appeared and helped her attending the ball. 무도회가 있던 바로 그날, 그녀는 신경질적으로 우리에게 소리쳤죠. 왜냐하면 그녀의 드레스가 더러워졌거든요. 그래도 그녀는 자기 옷을 절대로 빨지 않아요! 우리는 알아서 스스로 모든 것을 준비했는데 그녀는 그렇지가 않았죠. 고맙게도 요정이 나타나서 그녀가 무도회에 갈 수 있도록 도와주었어요.
사건 3	When she entered in the ball, she carefully looked for the Prince and finally began to flirt him. 그녀는 무도회에 도착했고, 조심스럽게 왕자를 찾아서 그에게 접근하기 시작했어요.
사건 4	At around 12 o'clock, she intentionally left her glass slipper right in front of the prince. 12시가 되자, 그녀는 의도한 대로 왕자가 있는 바로 앞에 유리구두의 한 짝을 남겼죠.
사건 5	When Cinderella heard that the poor Prince was trying to find her, she said that her plan was going to the right direction. I remember she gave us a smile of satisfaction. We told the prince the truth, but he didn't believe us. 신데렐라는 그 불쌍한 왕자가 그녀를 찾는다는 것을 알게 되었을 때, 자신의 계획대로 잘 되고 있다고 말했죠. 우리에게 만족스러운 웃음을 지은 것을 기억해요. 우리는 왕자에게 진실을 말했지만, 그는 믿지 않았어요.
사건 6	Anyway, Cinderella and the Prince got married. If she is happy now, we are happy, too. 어쨌든 신데렐라는 왕자와 결혼했어요. 그녀가 행복하다면, 우리도 그렇답니다.

이번에는 신데렐라의 입장에서 스토리 줄거리를 구성해본다. 의붓 자매에게 불공평한 처우를 받고 왕자의 사랑을 받는다는 입장이 앞의 구성보다 선명하게 나타나 있다.

사건 1	One day, I heard that the Prince invited all the young ladies in the land to a ball. 어느 날, 왕자님이 이 땅의 모든 숙녀들을 파티에 초대했다는 소식을 들었죠.
사건 2	I dreamed of going to the dance, and also I helped my step-sisters making ball dresses. However, they didn't allow me to go to the ball. When I cried in despair, my fairy Godmother appeared and helped me attend the ball with a beautiful dress. 전 무도회에 가는 걸 꿈꾸었고 의붓 언니들이 드레스 준비하는 것을 도왔어요. 그런데 제가 파티에 가는 걸 그들이 허락하지 않았어요. 제가 절망 속에서 울고 있을 때 요정이 나타나 멋진 드레스를 입고 파티에 갈 수 있도록 도와주었죠.
사건 3	At the ball, I met the Prince and he never left my side during the ball. 무도회에서 저는 왕자님을 만났는데 그는 무도회 동안 제 곁을 떠나지 않았어요.
사건 4	At 12 o'clock, I realized that I should come back home so I hurried home. But I lost one of my glass slippers on the stairs of the palace. 12시에 저는 집에 돌아가야 한다는 걸 깨달아서 서둘러 집으로 향했습니다. 그런데 저는 왕궁 계단에서 유리구두 한 짝을 잃어버렸어요.
사건 5	The Prince arrived at my house to find the girl of the glass slipper, and the slipper fit perfectly for me. 왕자는 유리구두의 주인공을 찾기 위해 제 집에 왔는데, 그 구두가 제게 꼭 맞았죠.
사건 6	I married the Prince and we lived happily ever after. 저는 왕자님과 결혼했고, 그 후로 행복하게 살았습니다.

3_ 어려운 연습 3 '왜' 질문에 답하기

'Pourquoi Play'라고 알려진 스토리텔링 활동이다. 'Pourquoi'는 'why'라는 뜻의 불어식 표현이다. 처음-중간-끝의 구도를 가지면서 인과 관계를 기반으로 스토리를 구성하는 연습이다.

예를 들어 구체적인 동물과 식물의 역사, 코가 긴 코끼리의 행동 습관, 목이 긴 해바라기의 생김새에 대해 간결하게 이야기할 수 있다. 동물이나 식물이 왜 지금처럼 생겼는지, 왜 지금처럼 행동하는지 원인과 결과를 함께 상상하며 말해보자. 우리가 잘 알고 있는 토끼와 거북이 이야기로 대화를 나눠 볼 수 있다. 우선 토끼와 거북이 중 누가 더 좋은지 간단한 대화를 나눠보자.

예시

A: A hare is the fastest. He never lose.

B: I like a tortoise, though.

A: Do you? Why do you like him?

B: I know he is quite slow. He does everything slowly. But, he is diligent!

A: A hare is fast. Fast is better than diligent!

B: Don't you think a hare is rude? He likes to tease a tortoise all the time.

A: A hare is just curious all the time. He is just honest about his feeling and emotion.

A: 토끼가 가장 빨라. 절대 지지 않아.

B: 그래도 나는 거북이가 좋아.

A: 그래? 왜 좋은데?

B: 거북이가 꽤 느리다는 건 알아. 모든 것이 느리지. 하지만 부지런해!

A: 토끼는 빨라. 빠른 게 부지런한 것보다 나!

B: 토끼는 무례하다고 생각하지 않니? 항상 거북이를 못살게 굴어.

A: 토끼는 항상 호기심이 많거든. 기분과 감정에 솔직한 거야.

다음의 표에서 요구하는 기본 정보를 상상력으로 채워보자.

Main Animal Character	hare
Beginning(How it looked before)	short ear
Middle(What happened)	curious all the time, ear getting longer
End(How the animal looks today)	long ear

앞의 표를 바탕으로 이야기를 만들어보자. 간단하지만 즉흥적으로 이야기를 재구성하는 연습이다.

Long time ago, there lived a hare. The hare had a short ear at that time. The hare, however, is curious all the time. The ear then is getting longer. And that's how the hare gets its long ear now.

옛날에 토끼 한 마리가 살았습니다. 그때에는 토끼 귀가 짧았어요. 그런데 토끼는 항상 호기심이 있어요, 토끼 귀가 점점 길어졌어요. 그것이 토끼 귀가 길어진 이유죠.

인터넷 검색을 통해 Pourquoi Play 예시 자료를 다양하게 찾아서 활용할 수 있는데 'How the Cat Got His Purr' 스토리를 예시로 제시하면 다음과 같다.

A cat and a rat were in the garden working on the vegetables. Cat's friendly uncle came to visit him to give him a small drum. Cat was supposed to keep the instrument for memory of his uncle. Rat came and saw the drum which he wanted to play. Cat would not let Rat play any music. So Rat tricked Cat by saying that he(Rat) was hungry and sick. So Cat was nice and let Rat sleep in his bed after serving some porridge. Then Cat left the house to go into the garden. He kept hearing someone playing a drum, so he returned to the house where he discovered that Rat was playing the instrument. Cat tried to eat Rat but ate quickly his own drum instead! That is how Cat got his purr.

고양이와 쥐가 정원에서 야채를 가꾸고 있었습니다. 고양이의 다정한 삼촌이 고양이에게 작은 북을 주려고 집에 찾아왔습니다. 고양이는 그 북을 보면서 삼촌을 추억할 수 있었습니다. 쥐가 고양이의 집에 놀러 왔다가 북을 발견하였고, 연주하고 싶었습니다. 고양이는 쥐가 연주하도록 허락해주지 않을 것 같았습니다. 그래서 쥐는 고양이에게 배가 고프고 몸이 아프다고 하며 꾀를 부렸습니다. 고양이는 마음씨가 착해서 쥐에게 따뜻한 죽을 끓여주고 자신의 침대에 쥐를 자도록 했습니다. 그러고 나서 고양이는 정원으로 나갔습니다. 고양이는 누군가 북 연주하는 것을 듣고서 집으로 들어와보니 쥐가 북으로 연주하고 있었습니다. 고양이는 쥐를 잡아먹으려고 했지만, 민첩하게 피해서 고양이는 쥐 대신 삼촌이 선물해 준 자신의 북을 먹었습니다! 그리하여 고양이는 그르렁거리는 소리를 내게 되었습니다.

4_ 쉬운 연습 1 **수수께끼와 농담**

스토리텔링 활동이 재미있지만 길게 말하는 것이 여전히 부담스럽다면 수수께끼를 활용할 수 있다. 영어로 된 수수께끼는 인터넷에서 다양하게 찾을 수 있으므로 문장의 길이와 재미를 고려해서 골라보자.

한 사람씩 돌아가면서 문제를 내고, 문제를 푸는 사람은 반드시 문제를 끝까지 듣고 "Why?"의 질문에 해당되는 답을 영어로 말한다. 간단하지만 원인과 결과에 따라 말하면 재미도 있고 말하기 연습도 된다.

수수께끼로 묻고 답하는 연습은 빠르게 진행할 수 있어서 참가자들이 쉽게 몰입하며 영어 말하기를 연습할 수 있다. 수수께끼를 낼 때는 출제자 혼자만 문제와 답을 보도록 하되 가극적이면 원고를 보지 말고 듣는 사람들과 눈을 맞추면서 문제를 내는 것이 더 좋다.

농담도 스토리텔링을 연습을 위해 활용할 수 있다. 길이는 짧더라도 농담에는 시작-중간-끝의 구성이 있으므로 나중에 긴 스토리텔링 연습을 할 때에도 분명히 도움이 된다. 수수께끼보다는 길지만, 역시 짧은 문장 속에서 재미를 발견할 수 있다. 농담에도 사건, 갈등과 반전이 있고, 유쾌함이 있다. 영어로 긴 문장을 말하는 것이 능숙하지 않더라도 짧은 농담 하나씩 영어로 주고받는 시간을 가져보자.

A: How do you spell mousetrap?

B: C-A-T.

A: Why?

B: Because... cat is the mousetrap.

A: What is as big as a horse but doesn't weigh anything?

B: The horse's shadow.

A: Why?

B: Because the horse's shadow is as big as the same horse, but the shadow weigh nothing.

A: What do you call a fish without an eye?

B: Fsh.

A: Why?

B: "i" is pronounced "eye" and fish without an eye is "Fsh."

A: 쥐덫의 철자는 어떻게 되니?

B: C-A-T.

A: 왜?

B: 왜냐하면… 고양이가 바로 쥐덫이니까.

A: 전혀 무게가 나가지 않는데 말처럼 큰 것은?

B: 말의 그림자.

A: 왜?

B: 말의 그림자는 말의 크기와 같지만 그림자는 무게가 나가지 않아.

A: 눈이 없는 물고기를 뭐라고 하지?

B: Fsh.

A: 왜?

B: 'i'는 'eye'로 발음이 되어서 눈 없는 물고기는 'Fsh'로 발음되니까.

Once there were three turtles. One day they decided to go on a picnic. When they got there, they realized they had forgotten the soda. The youngest turtle said he would go home and get it if they wouldn't eat the sandwiches until he got back. A week went by, then a month, finally a year, when the two turtles said, "Oh, come on, let's eat the sandwiches." Suddenly the youngest turtle popped up from behind a rock and said, "If you do, I won't go!"

옛날에 거북이 3마리가 살았어요. 하루는 그 거북이들이 소풍을 가기로 했어요. 그들이 거기에 도착했을 때, 음료수 가져 오는 것을 잊어버린 걸 알았죠. 가장 어린 거북이가 집에서 음료수를 갖고 올 때까지 샌드위치를 먹지 않는다면, 자신이 집에 가서 가져 오겠다고 했죠. 일주일, 한 달이 지나고, 마침내 일 년이 지나자, 두 마리 거북이가 "아, 제발, 이제는 샌드위치를 먹자."라고 말했어요. 갑자기 어린 거북이가 바위 뒤에서 나타나 이렇게 말했어요, "그러면, 나 안 갈 거야!"

05

등장인물의 감정을 느끼고 표현하라

스토리텔링에서 줄거리 전달 외에 자신만의 말하기 스타일로 자신의 감정을 이입시키는 것도 중요하다. 물론 스토리의 기본적인 줄거리가 전달되어야 하지만 일상에서 우리가 스토리를 나누는 목적이 줄거리 정보의 획득만은 아니다. 오히려 듣는 사람들은 새로운 사실을 배우는 것보다 스토리를 감성적으로 공감하고 자신의 상황 안에서 적용하기 원할 때가 더 많다. 이러한 공감대는 어떤 설명이나 묘사보다 등장인물의 느낌과 감정으로부터 자연스럽게 만들어진다. 감정 이입된 스토리는 오랫동안 기억되므로 영어로 말할 때 자신과 스토리 속의 3인칭 등장인물이 갖는 생각과 감정을 의도적으로 노출시키는 연습이 필요하다.

얼굴에 표정이 워낙에 드러나지 않는다면 혼자 거울을 보면서 연습하라. 처음에는 어색하더라도 꾸준히 연습하다보면 자신만의 표정 특성을 쉽게 파악할 수 있다. 큰 거울이 있다면 몸동작 연습까지 할 수 있다. 느낌을 강조하기 위해 몸의 동작 효과가 있지만, 지나치게 빈번한 동작은 청중에게 오히려 부담감을 느끼게 한다. 몸동작과 얼굴 표정이 생생하게 살아 있으면 영어 말하기 실력이 부족해도 듣는 사람의 마음이 편해진다. 하지만 영어 말하기 초보자라면 우선 문장 만들기에 집중하고, 몸동작은 최소한 자제하도록 한다.

1_ 쉬운 연습 1 다양한 표정으로 사진 찍기

스토리텔링을 할 때 발음도 좋고, 문장을 이어가는 능력도 있지만, 유난히 표정이 평면적인 사람들이 많다. 아무리 영어를 잘한다고 해도 표정이 너무 없으면 인상적인 메시지를 전달할 수 없다.

이런 사람들에게는 스토리텔링 말하기를 위해 표정 짓기 연습이 필요하다. 마치 배우가 된 것처럼 화난 표정, 창피한 표정, 무서워하는 표정, 의심스러운 표정 등을 사진으로 찍어보자. 사진을 출력해서 잘 보이는 곳에 붙여두고 평소에 다양한 표정을 지어보자.

예시

스터디 리더를 위한 Tip

이러한 연습이 영어 공부가 아니라고 누군가가 말한다면 이렇게 설득하자. 스토리텔링 영어는 주목을 받으며 말하는 활동이다. 사진 찍을 때도 잡히지 않는 표정이 스토리텔링을 할 때 나올 수가 없다. 멋지게 나온 사진은 스토리텔링 수첩에 붙여두고 자신의 표정이 그처럼 다양할 수 있다는 자신감을 갖자. 자신의 다양한 표정을 스토리텔링할 때도 만들 수 있다는 생각이 생길 것이다.

2_ 쉬운 연습 2 **감정을 싣거나 동작으로 말하기**

A 상자에 짧은 단어(Yes, Now, Why, No)를 적은 쪽지를 넣어 둔다. 그리고 B 상자에는 감정을 표현할 수 있는 단어(Anger, Fear, Happiness, Hope, Disappointment) 쪽지를 넣어 둔다. A, B 상자에서 각각 단어를 한 개씩 뽑아 A 단어를 B 감정으로 말해보는 연습을 한다. 예를 들어 'Yes'란 단어와 'Happiness' 단어를 뽑았다면 '아주 기쁜' 표정으로 "Yes"라고 말해본다.

몸동작과 얼굴 표정으로 표현해도 되고, 목소리에 약간의 변화를 줘도 감정을 실어 말할 수 있다. 대부분의 학생들이 처음에는 어색해하지만 금방 즐겁게 해볼 수 있는 연습이다. 초급 수준에서도 할 수 있고, 아직 감정을 제대로 표현하는 것이 어색한 중급 학습자에게 도움이 된다. 단어로 말하는 것이 익숙해지면 문장(I forgot my homework, It's nice to see you, There's no school.)으로 여러 가지 감정을 실어 말해본다. 각각의 문장을 말할 때마다 적절한 얼굴 표정이나 몸동작을 지어보자.

☐ (머리를 만지며 얼굴을 찡그리며): I had a headache yesterday.

☐ (전화하는 시늉을 하며): I called my mother and talked.

☐ (어깨를 으쓱하며 손을 올리며 괜찮다는 표정을 지으며): After that, I was fine.

모두가 좋아한다면 이번에는 문장 세 개에 감정을 이입시키면서 말해보자. 단 세 문장으로 하나의 흐름이 있는 이야기를 만들고 각 문장을 말할 때마다 표정이나 동작으로 표현할 수 있는 연습이다.

3_ 쉬운 연습 3 **시선 처리 연습하기**

눈을 감고 공식적인 스토리텔링의 처음부터 마지막까지의 자신의 모습을 상상해보자. 약간 긴장하고 있지만 잘할 수 있다는 자신감이 넘치는 표정이다. 청중 앞으로 걸어가서 드디어 스토리텔링을 시작한다. 서두르지 않고 말하기 시작한다. 점점 청중은 당신의 이야기에 웃거나 고개를 끄덕이는 모습을 보이며 귀기울이고 있다. 마침내 이야기가 마무리되자 청중은 박수를 보내기 시작한다. 자리로 돌아와 앉을 때 마음이 참 뿌듯하다.

이제 앞에서 상상한 것처럼 실제 무대라고 생각하고 한 사람씩 스토리텔링을 해보자. 발표자는 자리에서 일어나 앞으로 나온 후 청중을 바라보도록 한다. 발표자가 자연스럽게 친근한 표정으로 청중의 얼굴을 한 사람씩 본 후, 다음과 같이 이름과 스토리의 주제에 대해 간단하게 말한다.

예시

"My name is _________, and I am going to tell you the story of _________."

스터디 리더를 위한 Tip

초급 수준의 학생들이 많다면 영어 말하기를 본격적으로 하지 말고 마치 실제 발표자인 것처럼 청중을 향해 시선을 처리하는 연습부터 해보자. 실제 스토리텔링 발표 때 큰 도움이 된다. "Thank you."라고 말한 후, 박수가 끝날 때까지 잠시 기다리는 연습을 통해 공식적인 화술 매너도 함께 익힐 수 있다.

자기소개를 하면서 청중을 왼쪽에서 오른쪽으로 천천히 보게 한다. 이때 모든 청중들은 발표자와 시선이 마주쳤다고 느끼면 손을 든다. 손을 모두 들 때까지 발표자는 계속 시선을 보낸다. 스토리텔링 경험이 부족하면 자연스러운 침묵의 시간도 부담스러울 수 있는데 그 시간을 즐기는 기분을 가져라. 모든 청중과 시선이 마주치면 인사한 후 제자리로 돌아온다. 이때 청중은 박수를 치며 화자는 제자리에서 일어나서 간단하게 "Thank you."라고 인사한 후, 의자에 앉는다.

혼자 앞에 나와서 여러 사람의 주목을 갑자기 받으며 말하는 것이 활동이 불편한 사람들은 '파트너와 협력해서 전하는 스토리텔링'을 연습해보자. 두 명이 말을 주고받으며 함께 이야기를 완성시키는 활동으로 'tandem telling'이라고 한다. 아무래도 혼자서 말할 때보다 표정이나 몸동작 연습이 편해진다.

파트너와 하나의 이야기를 완성하기 위해 미리 차례를 정해놓을 수도 있고, 서로 신호를 주고받으며 이야기를 진행시킬 수 있다. 서로 말하려는 이야기의 주요 흐름을 숙지하고 있어야 하지만 의도하지 않은 방향으로 이야기가 흘러가도 재미있다. 혼자보다 둘이서 하나의 이야기를 말하면 부담은 절반으로 줄고, 재미는 두 배로 늘어날 수 있다.

리더는 파트너가 될 두 명 중 한 사람이 영어를 잘 못하면 영어를 잘하는 사람을 짝으로 붙여주자. 나이, 성별, 영어 실력을 고려해서 적절하게 구성할 수 있다.

예시

A: Today we are going to tell you a very funny story.

B: The story is about a student whose name is Sue. She is....

A: She is really polite and nice in nature.

B: Yeah, she also has a very good reputation among professors, right?

A: Absolutely. But she seems to have a small problem. Sue often dozes off in class.

B: Yes, she does. One day, she dozed off in Professor Shin's class, and he doesn't like students dozing off during his lecture.

A: Professor Shin woke her up. And then, something weird happened.

B: Yes, she was more angry than sorry and yelled, "OK, I now wake up! See? Stop bothering me now!" Everyone froze like ice at that moment!

A: Professor Shin was also shocked.

B: But you know what? She was daydreaming at that time, and she thought she was talking to her mother.

A: My goodness! She apologized that to Professor Shin.

B: And Professor Shin also understood the situation.

A: 오늘은 아주 재미있는 이야기 하나 해줄게요.

B: '수'라는 학생에 대한 이야기예요. 그녀는….

A: 원래 아주 예의 있고 반듯한 성격이에요.

B: 예, 교수님들 사이에서도 평판이 좋았어요. 그렇죠?

A: 그럼요, 그런데 그녀에게 작은 문제가 있는 것 같아요. 수업 시간에 자주 졸거든요.

B: 예, 맞아요. 하루는 신 교수님의 수업 때 졸았는데, 교수님은 수업 시간에 학생들이 조는 것을 싫어하세요.

A: 신 교수님이 그녀를 깨웠죠. 그러고 나서 이상한 일이 일어났죠.

B: 예, 그녀는 죄송하다고 말하기보다는 화를 내며 소리쳤어요. "알아요. 저 지금 깨어 있어요! 보이시죠? 이제 그만 괴롭히세요!" 그 순간 모든 사람이 얼음처럼 굳었어요!

A: 신 교수님도 놀랐어요.

B: 그런데 아세요? 그녀는 그때 꿈을 꾸고 있어서 엄마와 이야기하고 있다고 생각한 거죠.

A: 세상에! 그녀는 신 교수님께 사과했어요.

B: 그리고 신 교수님도 그 상황을 이해했어요.

스터디 리더를 위한 Tip

파트너와 스토리텔링을 하며 자신이 말할 차례가 아니더라도 파트너의 발표 내용에 집중하면서 비슷한 표정을 지어주자. 파트너가 말할 내용을 이미 알고 있다는 성급한 태도를 취하거나, 파트너가 말할 때 허공을 쳐다보면 청중들은 내용에 집중하기 힘들다.

06

성우처럼
목소리로 연기하라

스토리텔링을 배우려면 말하기의 기본부터 배워야 한다. 스토리텔링 연습을 할 때 자신의 차례가 되면 항상 일어서서 말하는 것을 원칙으로 하라. 일어서서 말하면 듣는 사람들의 시선을 피하지 않고, 더 크고 굵게 말하는 연습도 할 수 있다. 평소에 큰 목소리로 연습하지 않으면 실제 발표 상황에서 주목을 받으며 말할 때 떨리게 된다. 목소리가 크게 나오지 않으면 깊게 숨을 쉬어 긴장을 해소하도록 한다. 큰 목소리로 말하는 것은 사실 성격과 관련이 있기보다는 연습하면 누구나 큰 목소리로 명확하게 말할 수 있게 된다.

만약 공적인 공간에서 목소리 연습을 시도하기 힘들다면 가족이나 친한 친구들의 도움을 받아 시작해보자. 예를 들어 연습하는 학생은 방 안에게 큰 소리로 이야기를 전하고 가족이 거실이나 다른 방에서 이야기를 들어본다. 듣는 사람이 잘 들리지 않는다고 말하면 더 큰 목소리로 말해본다. 목소리 연습이 충분히 되었다면 스토리텔링 클럽 안에서 목소리 역할극도 해볼 수 있다. 실제 연극은 부담스러워 하는 학생이 많지만, 하나의 짧은 이야기가 있는 드라마를 목소리로 연습하면 스토리텔링 학습에 대한 성취감도 높아진다.

1_ 쉬운 연습 1 **또박또박 말하기**

많은 학생들이 문장의 끝을 웅얼거리거나 긴 단어를 애매하게 말한다. 스토리텔링을 할 때 발음이 정확하지 않으면 아무리 짧은 스토리라도 듣는 사람들은 답답하므로 또박또박 말하는 연습부터 해보자.

리더는 얼버무리며 말하는 습관을 가진 학생들에게 입을 좀 더 크게 벌리고 입술을 활발하게 움직이도록 조언한다. 동료 코칭 때 "끝을 흐리지 마세요.", "중얼거리지 마세요."라고 적극적으로 충고해주자.

리더가 명확하게 발음하기 힘든 몇 개의 문장을 제공한다. 영어는 리듬감이 있는 언어이므로 입과 혀를 활발하게 움직여 큰소리로 돌아가면서 읽어보자. 인터넷에 'Tongue Twisters'를 검색하면 재미있는 자료들이 나오는데 다음은 그 예시다.

- ☐ Three free throws.
- ☐ Inchworms itching.
- ☐ Sylvia slurped soup sloppily.
- ☐ Peter Piper picked a peck of pickled peppers.
- ☐ Which wristwatches are Swiss wristwatches?
- ☐ Six slippery snails slid slowly seaward.
- ☐ Betty Botter bought a bit of better butter.
- ☐ Peter Piper picked a peck of pickled peppers.
- ☐ A big bug bit the little beetle but the little beetle bit the big bug back.
- ☐ I eat eel, while you peel eel.
- ☐ First Friday father Francis fried five fresh fish.
- ☐ She sells seasells by the seashore.
- ☐ I scream, you scream, we scream, for ice cream.
- ☐ Black block background, brown block background.

2_ 쉬운 연습 2 목소리 높낮이에 변화 주기

스토리텔링 클럽의 모든 청중이 들을 수 있을 만큼 크게 말하는 것에 익숙해졌다면 목소리 높낮이에 변화를 줄 차례다. 목소리는 스토리텔링에서 아주 중요한 도구다. 좀 더 전달력을 높이기 위해서 자신이 모노톤(monotone)의 목소리로 스토리를 제대로 전하는지 먼저 진단하라.

두 명(A, B)이 짝을 이뤄서 다음을 연습해보자. A는 하나의 문장 혹은 스토리를 목소리의 높낮이 변화 없이 전달한다. 모노톤으로 전하다보면 청중도 지루하지만 발표자도 다양한 표정과 몸짓을 드러내기 힘들고, 감정 이입도 제한될 수밖에 없다. B는 A가 말한 것을 목소리의 높낮이에 변화를 주면서 생동감 있게 전한다. A, B 전달 방식이 쉽게 비교될 것이다. 목소리의 높낮이에 변화를 줄 때 높은 음조(pitch)는 흥분과 공포를 나타내고, 낮은 음조는 강함, 자신감, 분노 등을 표현할 수 있다.

스토리텔링 클럽 회원 모두가 연기자가 될 수는 없지만 높낮이만으로 목소리 역할극을 해볼 수 있다. 화가 난 등장인물을 말할 때는 큰 소리로, 예쁘고 멋진 등장인물의 목소리는 귀엽게, 조심스럽게 말할 때는 작은 목소리로 조절하며 목소리 연기를 해보자. 서론 부분에는 차분한 목소리로 말하다가 사건이 발생하면 큰 목소리로 내용을 강조할 수 있다.

3_ 쉬운 연습 3 말하기 속도에 변화 주기

한국 학생들은 영어 말하기를 할 때 너무 밋밋하게 말하는 경향이 있다. 목소리에 높낮이의 변화를 주거나 다른 느낌의 목소리로 말하는 것이 어렵다면 말하기 속도만으로도 충분히 내용 전개에 변화를 줄 수 있다.

말하기 속도를 다르게 하는 연습은 간단하지만 스토리텔링을 할 때 도움이 된다. 슬픔, 갈등, 의심을 느끼는 상황에서는 좀 더 천천히 말하고 흥분, 긴장, 즐거움, 강조의 대목에서는 빠르게 말해보자. 이 연습이 익숙해지면 높낮이와 속도의 변화를 동시에 줘서 말해보자.

말하기 속도를 조절하면서 특정 단어를 강조할 수 있다. 단어를 강조하는 방법으로 말을 늘리듯이 말하라. 예를 들어 "It happened looooong time ago."의 문장을 읽듯이 'long' 단어를 늘리면서 말해보는 것이다. 다음과 같이 제시된 말하기 속도로 주어진 이야기를 말해보자.

- ☐ (정상 속도로): My grandfather happily walked down the street.
- ☐ (불안한 듯 빠른 속도로): But then he found snakes, many snakes.
- ☐ ('s' 발음을 길게 늘어뜨리며): They hissed.
- ☐ (무서운 분위기를 만들며 느리게): They sneakily slithered around.
- ☐ (갑자기 놀라게 하면서, 손으로 와락 덤벼드는 행동으로, 빠르게): They are waiting to pounce on their prey.

흥미롭게 잠시 침묵하는 것도 스토리 내용을 전할 때 아주 효과적인 전략이 될 수 있으므로 의도적으로 침묵의 시간을 두고 이야기 진행의 속도를 조절할 수 있다. 특히 결정적으로 말을 하기 전에 의도적으로 침묵의 시간을 두자. 침묵 전략으로도 스토리텔링 기술을 향상시킬 수 있다.

4_ 쉬운 연습 4 다른 감정을 담아 다른 목소리 만들기

스토리에는 상황에 따른 등장인물이 있는데, 목소리 전문 배우가 아니라면 각 등장인물의 목소리를 상황별로 다르게 표현하는 것이 절대 쉽지 않다. 그래도 스토리텔링 클럽 전체가 의욕이 넘친다면 한 번 시도해보자. 윗몸일으키기도 처음에는 힘들지만 규칙적으로 연습하다보면 익숙해지듯이 목소리 연습도 마찬가지다. 배우처럼 할 수는 없어도 이야기의 흐름에 도움을 줄 수 있는 목소리 흉내는 낼 수 있다. 우선 다음의 감정이 실리도록 말하는 연습을 해보자.

- ☐ (석양을 보면서 감탄을 할 때): How beautiful!
- ☐ (이제야 알겠다는 듯): Now I understand.
- ☐ (정말 역겹다는 듯): How disgusting!
- ☐ (실망한 듯): How disappointing!

☐ (미안한 마음으로): I'm so sorry.

☐ (놀란 듯): I'm so surprised!

☐ ("조심해"라고 고함치듯): Look out!

☐ (중요하지 않다는 느낌을 실어서): That's not important.

☐ (의심스럽다는 듯): I'm very suspicious of that.

☐ (겁난다는 표정으로): That scared me!

☐ ('이걸 꼭 해야만 하냐'라는 투로): Do we really have to do this?

☐ (아프다는 듯): That hurts.

☐ (감동받은 표정으로): What a moving story!

다음 제시된 가상의 역할을 선택하여 5~10문장 미만의 짧은 이야기를 전해보자. 마치 연기를 하듯이 역할에 따라 다른 목소리를 내보자. 절대로 원고를 쳐다보거나 암기해서 말하지 말자. 어차피 모두에게 어색한 상황과 역할이다. 즉흥적으로 목소리에 변화를 주면서 말해보는 즐거움을 갖도록 격려하자. 스토리텔링은 적극적인 영어 말하기 연습이다.

(1) You are a very old gentleman.

(2) You are a very famous movie star.

(3) You are a good writer and an editor.

(4) You are a very honest businessman.

(5) You are a TV anchor on the evening news.

(6) You are a spy, passing on information in a hotel lobby.

(7) You are a mouse, an elephant, a crocodile, a rabbit, or any animal.

(8) Your story is the latest gossip and you are telling this to your best friend.

(1) 당신은 노신사입니다.

(2) 당신은 유명한 영화배우입니다.

(3) 당신은 훌륭한 작가이자 편집자입니다.

(4) 당신은 정말 정직한 사업가입니다.

(5) 당신은 저녁 뉴스의 TV 앵커입니다.

(6) 당신은 스파이로서 호텔 로비에서 정보를 전합니다.

(7) 당신은 생쥐, 코끼리, 악어, 토끼 혹은 어떤 동물입니다.

(8) 당신의 이야기는 가장 최근의 가십으로 제일 친한 친구에게 말하는 것입니다.

활동 동사로
사건의 실체를 밝혀라

사건을 시간 순서대로 응집력있게 말하기 위해 적절한 연결어(and, then, but, so, at the same time, all of sudden)나 대명사 · 대동사(do) · 대부사(so, then, there)를 사용하여 문장 사이를 자연스럽게 연결해야 한다. 예를 들어 'She did that way up there.'라는 문장에서는 'she', 'did', 'that', 'there'의 어휘를 사용하고 있다. 이처럼 단순한 문장을 말하더라도 시간 순서에 따라 사건을 구체적으로 나열하여 말하는 연습이 필요하다.

1_ 쉬운 연습 1 활동 동사 나열하기

사건의 순서대로 스토리텔링을 해보라고 하면 대부분의 학생들은 상황 묘사에 치중하면서 정작 등장인물이 무엇을 했는지 밝히지 않는 경우가 많다. 등장인물의 성격과 사건의 정황을 쉽게 유추하게 해주는 활동 동사(action verb)를 나열하여 사건을 동적으로 서술하는 연습을 하라.

물론 활동 동사만으로 등장인물과 사건의 관계를 파악할 수 있는 것은 아니지만, '점심 시간에 피자를 주문하고, 냉장고에 남은 과일을 모두 먹은 후 요리 방송을 보면서 침을 삼키는'이라는 문장에서 나열된 활동 동사를 통해 '그 사람은 배가 매우

고프다'라는 정보를 쉽게 전달할 수 있다. 활동 동사는 현재 일어난 사건이 주인공에게 어떤 영향을 미치고 변화를 주는지에 대한 구체적인 정보를 제공한다. 활동 동사를 나열하는 연습을 중점적으로 하기 위해서 활동 동사가 없는 문장이 나오면 벨을 울리거나 호루라기를 불면서 발표자를 경각시키자.

　다음의 스토리에서 등장하는 사건을 보면 활동 동사가 넘친다. 사건 전달에도 속도가 나고 듣기도 편하다.

예시

The Biggest Mistake I Made in My Life!

Well, I don't really keep those failed cases in my mind. But if I can think of one, there was a time when I was interpreting for someone. And there is a difference between the numbers in Korean and in English. There's difference in how we say it and how we interpret them. And I made it.

(사건을 여기서 서술하면서 활동 동사의 나열 시작) I *made a mistake* of saying, instead of *saying* fifty thousand, I would, I *had said* that it was five hundred thousand in Korean.

I *had made a big mistake*. People *recognized my mistake* and *started whispering* to each other. Finally, someone *pointed out* that I was wrong. Well, I don't usually take others' complaints too seriously. In such case I just *shrug off* and *say*, "I am sorry. I made a mistake." So I made a apology for my mistake.

I *did not just skip that part*. I just *went back* and *said*, "I just said the wrong number, the wrong figure. I accidentally said "The number, the figures that I was telling before was a mistake. It was not five hundred thousand. Instead, it was fifty thousand. I'm sorry for the misunderstanding." Everyone *accepted my apology* and *thought* nothing of it. In the end, it turned out to be nothing serious.

I don't really get stressed out about my mistake. If I do something wrong, all I do is just do it again correctly. We make mistakes. If you let your mistakes stop you, you will *never be able to grow.*

내 인생에서 가장 큰 실수!

음, 전 정말 이런 실패의 경우들을 기억하고 싶지 않아요. 그래도 하나를 떠올리면, 제가 통역을 하고 있을 때였죠. 한국어와 영어 숫자에는 서로 차이가 있어요. 어떻게 말하느냐와 통역하느냐는 차이가 있어요. 제가 실수를 했죠.

50,000이라고 말하는 대신에 저는 한국어로 500,000이라고 통역해서 실수를 했어요.

정말 큰 실수를 했어요. 사람들은 제 실수를 알아채고 서로 소곤거리기 시작했어요. 마침내, 누군가가 제가 틀렸다고 말했죠. 네, 저는 대개 다른 사람들의 불평을 심각하게 받아들이지 않아요. 그런 경우에, 저는 그냥 어깨를 으쓱하며, "미안해요. 제가 실수했네요."라고 말하죠. 그래서 전 제 실수를 사과했어요.

저는 그 실수를 그냥 넘기지 않았어요. 그리고 다시 말했죠, "제가 숫자를 잘못 전했네요. 다시 정정하면, 500,000가 아니라, 50,000입니다. 잘못 전해서 죄송합니다." 모든 사람들은 제 사과를 받아주었고 그 실수는 아무것도 아니라고 생각했어요. 결국, 심각한 일이 되지 않았어요.

저는 제 실수 때문에 그렇게 스트레스 받지 않아요. 제가 잘못했다면. 다시 그것을 고치면 되니까요. 우린 실수를 하죠. 당신의 실수가 당신을 멈추게 한다면, 당신은 결코 성장할 수 없어요.

2_ 쉬운 연습 2 같은 스토리를 반복해서 전하기

'virginia reel'라고 불리는 연습으로 두 줄(A, B)로 학생들이 서로 마주보고 서서 5분 동안 하나의 스토리를 전한다. 5분 후, A줄 발표자들이 서 있는 곳에서 오른쪽으로 한 칸 이동하여 B줄의 새로운 파트너를 만나게 한다. 이런 식으로 계속 파트너를 바꿔가며 반복적으로 같은 스토리를 말해보자.

이와 같이 내용을 반복해서 말하면 전달력도 높아지고, 요령도 생기고, 사건과 관련된 부연 설명도 늘어나게 된다. 한 사람씩 앞에 나와 발표하기 전에 두 줄로 서서 이러한 반복 연습을 하라. 자신감도 생기고 내용도 풍부해질 것이다.

A줄 발표자들은 최근에 가장 즐거웠던 식사 경험을 떠올려보자. 그날 먹었던 음식, 함께 한 사람들, 일어난 사건을 회상하며 파트너에게 이야기를 전달한다. 3분이 지나면 조장은 신호를 주고 B줄의 새로운 파트너를 만나게 한다. A줄 발표자들의 순서가 끝나면 이번에는 B줄 발표자들에게 기회를 준다. 단, B줄 발표자들은 방금 들은 A줄 발표자의 이야기를 각색해서 전해야 한다. B줄 발표자들은 A줄 발표자들

의 경험을 가장 최악의 식사로 만들어 이야기해야 한다. 모든 사람들이 이야기 연습을 마치면 어떤 식사가 가장 즐거웠는지, 또 어떤 식사가 가장 최악이었는지 투표를 해본다.

예시

《A》

Last Friday was my 27th birthday. My family and I planned to eat out on the most famous steak restaurant a week before. I was so excited to go out because I have been quite busy so I couldn't spend some time with my family. On my birthday, it rained really heavily but we didn't care. We just went out to eat. Finally, we were there. I ordered beefsteaks. As expected, it was really thick and juicy. We really enjoyed that meal, and I was happy at the moment. It still rained outside. But the weather didn't stop the taste.

지난 금요일은 제 27살 생일이었어요. 일주일 전에 가족과 저는 가장 유명한 스테이크 레스토랑에서 외식하기로 했죠. 전 외식할 생각에 굉장히 들떴어요. 왜냐하면 저는 너무 바빠서 가족들과 시간을 보내지 못했거든요. 제 생일날 비가 정말 많이 왔지만, 우리는 개의치 않았죠. 우리는 외식하러 갔어요. 마침내 그곳에 도착했어요. 저는 비프스테이크를 주문했어요. 기대만큼 정말 두껍고 육즙이 많았어요. 우린 식사를 정말 즐겁게 했고, 전 그 순간 행복했어요. 여전히 바깥에는 비가 내렸죠. 하지만 날씨가 우리의 식사를 방해하지는 못했어요.

《B》

Last Friday, I have experienced the worst birthday ever. My family and I were supposed to meet at 6. However, because of the rainy weather, I couldn't make it on time so rest of my family members just waited for me in some famous steak restaurant for a quite long time. Around 7 o'clock, I barely got to the restaurant and we ordered well-done beefsteaks. Oh, I can't even explain how it tasted so bad. It was too burned, I mean, there was black crust on it. The meat was a little bit tough and disgusting to eat. I was so disappointed with the food, and I left the food on my plate. I will never go to that restaurant.

지난 금요일, 최악의 생일을 경험했어요. 우리 가족과 저는 6시에 만날 예정이었죠. 그런데 비 때문에 저는 제시간에 갈 수 없었고 우리 가족은 유명한 스테이크 레스토랑에서 저를 아주 오랫동안 기다렸어요. 7시쯤 저는 가까스로 그곳에 도착했고 우리는 바싹 구운 비프스테이크를 주문했어요. 그런데 정말 설명할 수 없을 정도로 맛이 없었어요. 고기가 너무 탔는데, 딱딱하게 굳어 있었죠. 조금 질기고 먹기에 불편했어요. 그 음식에 정말 실망해서 음식을 남겼어요. 다시는 레스토랑에 가지 않을 것입니다.

3_ 어려운 연습 1 다시-말하기(re-telling)

스토리텔링 클럽의 리더가 처음 – 중간 – 끝이 있는 내용의 스토리를 단 한 사람(A)에게 3분 동안 전한다. 이때 다른 사람들은 밖에서 기다리도록 한다. 리더에게 이 내용을 들은 A는 밖에서 기다리는 다른 사람(B)에게 6분 동안 전하고, B는 또 다시 밖에 있는 한 사람(C)을 불러 9분 동안 내용을 전하자. 이때 A와 리더는 B가 C에게 말하는 내용과 모습을 볼 수 있지만, 아무 말도 할 수 없다.

이렇게 한 사람씩 다시-말하기가 전달될 때마다 곱절의 분량으로 내용에 살을 붙여야 한다. 원래의 내용에 다른 내용이 더해져서 점점 늘어나는 사건을 시간 순서대로 나열되고, 등장인물의 활동 내용도 구체적으로 표현된다.

잘 모르는 사건, 새롭게 일어난 사건에 대해 말하는 것도 좋지만 처음에는 잘 알고 있는 스토리부터 활용하는 것이 좋다. 영어로 듣기에 어려움을 느낄 수도 있으니 우선 말하기를 길게 해볼 수 있는 이야기를 골라보자. 다음의 내용은 한 학생이 'Hansel and Gretel' 이야기를 듣고 다시 말해본 것이다.

예시

Once upon a time, there were Hansel and Gretel. One day, their step-mother convinced her husband to throw away the children in the forest. Hansel and Gretel heard her plan and gathered some pebbles to mark the way home.

In the next year, the step-mom tried to abandon them one again, but Hansel and Gretel recognized it again. This time, they used pieces of bread instead of pebbles. However, forest animals ate the bread, and

Hansel and Gretel were lost in the forest. In the dark, they found a house made of gingerbread and candies, with sugar windows. In the house, there lived a witch and she let them come in and made them her servant.

The witch had a scary plan that she was going to eat Hansel. However, clever Hansel knew her plan, tricked the witch into climbing in the oven, and closed it behind her. After the witch died, the children took jewels from the witch's house and set off for home. After coming back home, they found out that their step-mother had died, they all lived happily ever after.

옛날에 헨젤과 그레텔이 살았어요. 어느 날, 계모가 남편에게 아이들을 숲 속에 버리고 오라고 했어요. 헨젤과 그레텔은 그녀의 계획을 들었고 집으로 돌아오는 길을 표시하기 위해 조약돌을 모았어요.

그 다음 해, 계모는 다시 그들을 버리기 위해 노력했지만, 헨젤과 그레텔은 다시 그것을 알아챘지요. 이번에 그들은 조약돌 대신에 빵조각을 사용했어요. 그러나 숲 속의 동물들이 그 빵을 먹었고 헨젤과 그레텔은 숲 속에서 길을 잃었어요. 어둠 속에서 그들은 설탕으로 된 창문과 생강빵과 사탕으로 만든 집을 발견했어요. 그 집에는 마녀가 살았고 그녀는 아이들을 들어오게 하고 하인으로 삼았어요.

마녀는 헨젤을 잡아먹을 무시무시한 계획을 짰어요. 그러나 영리한 헨젤은 그녀의 계획을 알아서 마녀가 오븐 위에 올라가도록 속임수를 썼고 그녀 뒤에서 오븐을 닫았죠. 마녀가 죽은 뒤, 아이들은 마녀의 집에서 보석을 가지고 집으로 향했어요. 집으로 돌아온 후에, 그들은 계모가 죽은 것을 알았고 그 이후에 행복하게 살았어요.

 어려운 연습 2 **진짜와 가짜 이야기 골라내기**

이야기 속에서 진짜와 가짜를 골라내는 재미있는 연습을 해보자. 한 조에 4명씩 3개의 조를 구성한 후, 조원들은 각자 자신에게 일어난 일상적인 사건을 하나씩 말한다. 이때 각각의 조는 서로 완전히 분리되어 스토리텔링을 하며, 그 조에서 어떤 이야기가 가장 흥미로웠는지 선택한다. 이제 A 조원들이 모두 앞으로 나와 A조에서 선택한 이야기가 마치 자기 이야기인 것처럼 말한다. 한 사람만 진실을 말할 뿐 다른 사람은 모두 거짓말을 하는 셈이다. 사건의 순서가 조금씩 다를 수 있지만, 기본적인 내용은 같아야 한다.

마지막으로 B, C 조원들은 과연 그 이야기가 A조 누구에게 진짜로 일어난 일인지 추측하고 투표한다. 마지막으로 진실을 밝히는 자리에서 왜 속았는지, 어떻게 맞췄는지 이야기해본다. 어떤 스토리텔링의 요소 때문에 이야기가 진짜 혹은 거짓이라고 생각했는지 즐겁게 말해보자.

예시

≪A조-진짜 이야기≫

When I was in Australia last year, I went to Cairns. It was my last travel in Australia. At that time, I plan to go to the bungee jumping place, because I always have dreamed about doing this. But it was kind of scary for doing this alone, so I asked one of my friends if he can do bungee jumping with me. But, soon he looked paled and then he shook his hand. I was a little bit disappointed, but I decided to go by myself. I took a bus and go bungee jumping. After arriving bungee jumping place, I found that it was very huge place and looks so high. Many people looked up the sky to see how people were doing bungee jumping. I waited couple of hours, and I finally had to go upstairs to bungee-jump. On the top of the bungee jumping place, I was getting scared. I found some people tried to made me safe. They gave me some equipment for safety. And... finally I did it. Actually, at first moment, I was very afraid, but I felt like a bird in the sky and it was extremely cool.

제가 작년에 오스트레일리아에 있을 때, 케언즈에 갔어요. 오스트레일리아에서의 마지막 여행이었어요. 그때 저는 번지점프하는 곳에 갈 계획이었어요. 항상 그것을 하기를 고대했거든요. 그런데 혼자서 하려니 두려워서 저는 제 친구 중 한 명에게 번지점프를 같이 하자고 했어요. 그러나 곧 그의 얼굴은 창백해지고 머리를 흔드는 거예요. 저는 조금 실망했지만, 혼자 하기로 결심했어요. 버스를 타고 번지점프하는 곳에 갔어요. 도착 후, 그곳이 정말 거대하고 높은 곳이라는 것을 알았어요. 많은 사람들은 어떻게 번지점프를 하는지 보려고 하늘을 쳐다보았어요. 저는 2시간쯤 기다려서 마침내 번지점프를 하기 위해 올라가야 했어요. 번지점프하는 맨 위에서 저는 점점 무서워졌어요. 어떤 사람들은 제게 안전하다는 것을 확인시키려고 했어요. 제게 안전장비를 주었어요. 그리고… 마침내 저는 번지점프를 했어요. 사실, 처음에는 정말 두려웠지만 마치 하늘을 나는 새 같은 기분이 들었고 정말 멋진 경험이었어요.

≪B조-가짜 이야기≫

You know, I always like trying to do adventurous things. Especially, when I was in Australia in 2007, I did bungee-jumping. For a quite long time, I have dreamed about doing bungee jumping because it seemed so thrilling to fall down from the sky. So right before going back to Korea, I visited world famous place, Cairns for bungee-jumping. Of course, for the first time to see the bungee-jumping place, I was so overwhelmed by the height. However, because it was my dream to do bungee-jumping, I went upstairs, equipped safety devices and stood on the top. Seeing under, I got a little bit scared and my heart started beating rapidly. Finally, I did bungee. You would have no idea how fantastic it was. I couldn't explain it. It was really thrilled moment in my life and I was kind of proud of myself. I can't forget that feeling ever.

저는 항상 모험을 하기를 좋아해요. 특히, 2007년 오스트레일리아에 있을 때, 번지점프를 했어요. 아주 오랫동안 저는 번지점프하기를 꿈꾸었죠. 왜냐하면 하늘에서 떨어지는 기분은 정말 짜릿할 거라고 생각했거든요. 한국으로 돌아가기 바로 전에, 저는 번지점프로 유명한 케언즈에 갔어요. 물론 번지점프하는 곳을 본 것은 처음이었고 저는 그 높이에 매우 압도당했어요. 그러나 번지점프를 하는 것이 제 꿈이었기에 저는 올라갔고, 안전장치를 갖추고 맨 꼭대기에 섰죠. 아래를 보니, 조금 두렵고 제 심장은 빠르게 뛰기 시작했어요. 결국, 저는 번지점프를 했죠. 그 기분이 얼마나 환상적이었는지 모를 겁니다. 그 기분은 설명할 수 없어요. 제 인생에서 정말 전율이 흐르는 순간이었고 저는 제 자신이 자랑스러웠어요. 그 기분을 정말 잊을 수 없어요.

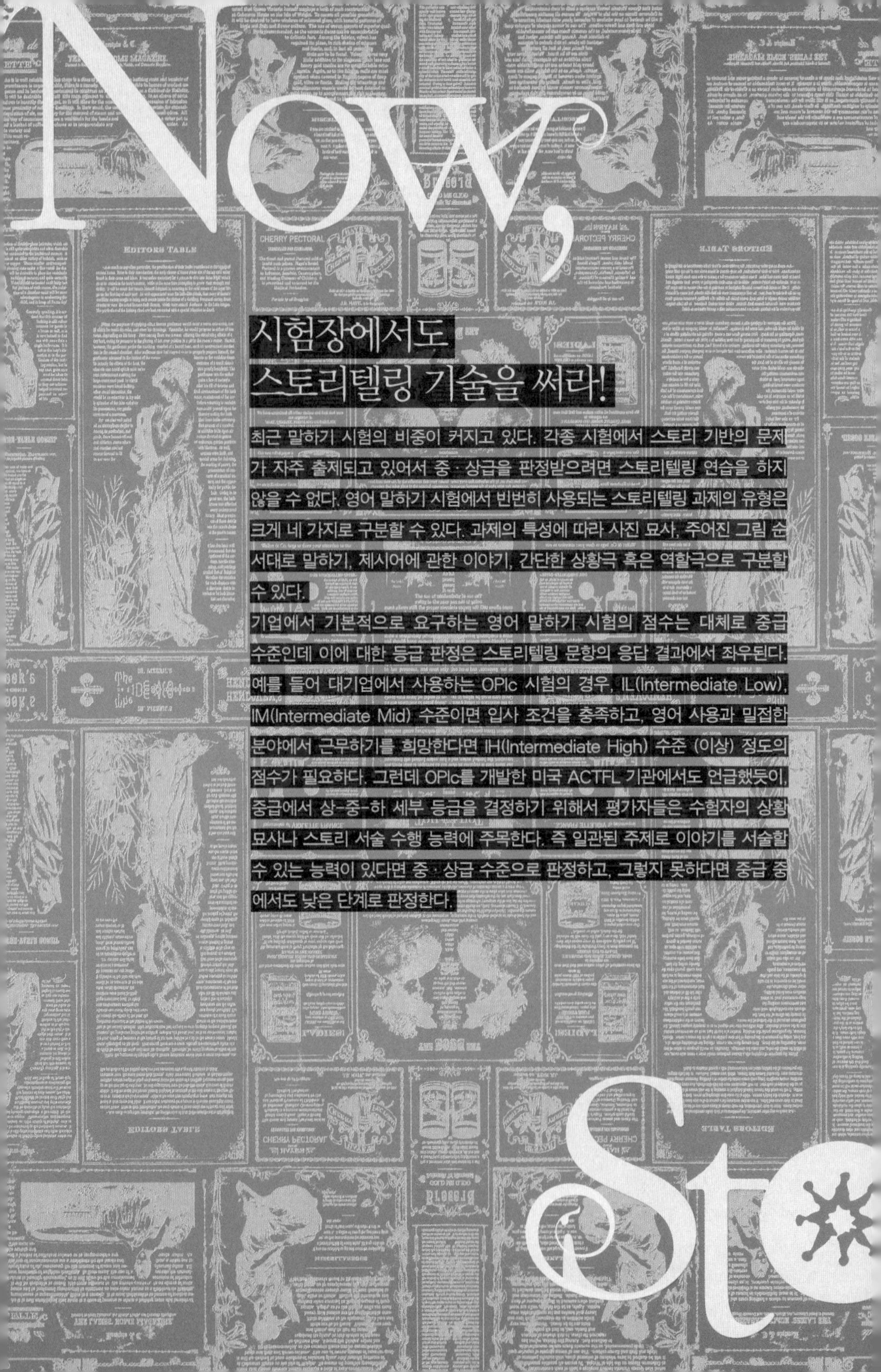

시험장에서도 스토리텔링 기술을 써라!

최근 말하기 시험의 비중이 커지고 있다. 각종 시험에서 스토리 기반의 문제가 자주 출제되고 있어서 중·상급을 판정받으려면 스토리텔링 연습을 하지 않을 수 없다. 영어 말하기 시험에서 빈번히 사용되는 스토리텔링 과제의 유형은 크게 네 가지로 구분할 수 있다. 과제의 특성에 따라 사진 묘사, 주어진 그림 순서대로 말하기, 제시어에 관한 이야기, 간단한 상황극 혹은 역할극으로 구분할 수 있다.

기업에서 기본적으로 요구하는 영어 말하기 시험의 점수는 대체로 중급 수준인데 이에 대한 등급 판정은 스토리텔링 문항의 응답 결과에서 좌우된다. 예를 들어 대기업에서 사용하는 OPIc 시험의 경우, IL(Intermediate Low), IM(Intermediate Mid) 수준이면 입사 조건을 충족하고, 영어 사용과 밀접한 분야에서 근무하기를 희망한다면 IH(Intermediate High) 수준 (이상) 정도의 점수가 필요하다. 그런데 OPIc를 개발한 미국 ACTFL 기관에서도 언급했듯이, 중급에서 상-중-하 세부 등급을 결정하기 위해서 평가자들은 수험자의 상황 묘사나 스토리 서술 수행 능력에 주목한다. 즉 일관된 주제로 이야기를 서술할 수 있는 능력이 있다면 중·상급 수준으로 판정하고, 그렇지 못하다면 중급 중에서도 낮은 단계로 판정한다.

Part
5
단계
[시험 적용 방식]

스토리텔링으로 사진 묘사하기

제시된 사진을 보고 배경, 인물, 사물, 상황 등을 묘사하는 과제다. 케임브리지 대학교 ESOL이나 런던 상공 회의소(The London Chamber of Commerce & Industry) 계열 시험, 미국 ETS의 TOEIC-Speaking 시험 등 국내외 영어 말하기 시험에서 빈번하게 사용되는 문항 유형이다.

예를 들어 중급 학습자들이 준비하는 케임브리지 ESOL 일반 시험인 PET (Preliminary English Test), FCE(First Certificate in English) 말하기 시험에는 사진 두 개를 제시하고 사진 속 내용을 '비교'하면서 묘사하는 문항이 있다. 한 사진은 피서객이 아주 많이 몰려 있는 큰 강, 다른 사진은 적은 수의 가족이 조촐하게 시간을 보내고 있는 작은 강이다. 문항의 지시문은 다음과 같다.

지시문

Here are your photographs. They show people spending time by different rivers. I'd like you to compare the photographs, and say what you think the people are enjoying about spending time by these rivers.

수험자들은 지시문에서 언급된 비교의 포인트인 'people spending time by different rivers'를 숙지하며 사진 속의 배경과 인물의 활동을 묘사해야 한다. 두 사진 속에서 대비되는 배경의 특징을 언급하는 중에 특히 사진 속 등장인물의 활동을 비교해야 한다.

다른 예는 ETS에서 개발한 TOEIC-Speaking 시험에서 찾아볼 수 있다. TOEIC-Speaking 시험은 모두 6가지 유형이며, 문항 수는 총 11개다. 3번 문항에서 주어진 사진을 묘사해야 하는데 30초의 준비 시간이 주어지며 그 후 45초 동안 제시된 사진을 묘사해야 한다. 다음은 TOEIC-Speaking 시험의 시행사인 YBM Sisa 홈페이지에 나오는 TOEIC-Speaking의 사진 묘사 문항 샘플이다.

이와 같은 시험 문항을 준비할 때 앞에서 제시된 '스토리 속 배경과 인물 묘사하기' 연습이 필요하다. 우선 듣는 사람을 배려한 친절한 배경 설명부터 연

습해야 한다. 먼저 언제, 어디서 일어난 일인지 말해야 한다. 노란색 바나나를 파는 사람에 대한 구체적인 묘사를 시작하기 전에 어디서 일어난 일인지 말해 보자. 실제 대화에서도 듣는 사람의 관심을 끌게 하는 배경 설명이 효과적인 의사소통 전략이다. 인물 묘사도 마찬가지다. 등장인물이 누구인지 설명할 때 나이, 성별, 직업, 외모, 옷차림, 성격을 하나씩 나열해보는 연습이 필요하다.

다음 질문에 답을 한다는 마음으로 배경과 등장인물을 설명해보자.

- ☐ where: 사건이 일어나는 장소는?
- ☐ when: 사건이 일어난 시간은?
- ☐ who: 사건에 등장하는 인물은?

샘플

It is a photograph of a market selling bananas. It's an outdoor-type market, maybe in Asia somewhere, like in the Philippines. It looks like a sunny day. There are two men. One is holding a bunch of bananas, and, ah, I can't quite see what the other is doing. There are lots of bananas on the table. There are several scales hanging above the fruit. The roof seems to be made of fiberglass - green and white. There are a couple of women customers, also.

바나나 파는 시장 사진이네요. 노천시장인데 아마 필리핀 같은 아시아의 어딘가입니다. 날씨가 맑은 날인 것 같아요. 두 사람이 있습니다. 한 사람은 바나나 뭉치를 들고 있고, 아, 다른 사람은 뭘 하고 있는지 잘 보이지 않네요. 탁자 위에 바나나가 많아요. 과일을 달고 있는 저울도 몇 개 있어요. 지붕은 초록색과 흰색의 섬유 유리로 만든 것 같아요. 여자 손님도 두 명 정도 있습니다.

02 그림 보고 순서대로 말하기

영어 말하기 시험을 준비하는 수험자에게 가장 익숙한 문항 유형으로 국내외에서 시행되고 있는 여러 말하기 시험에 빈번하게 출제되고 있다. 하나의 에피소드로 구성된 일련의 그림을 보면서 결속력 있는 이야기를 서술하는 과제다.

수험자는 연속적인 그림의 내용에 기반을 두고, 시제 일치를 유지하면서 일관성 있는 줄거리를 만들어야 한다. 주어진 지시문에는 그림에 대한 상황이 서술되어 있다. 일반적으로 수험자는 한국어나 영어로 적힌 지시문을 읽고 제한된 시간 안에 스토리텔링으로 마쳐야 한다.

예를 들어 유·초등학생들의 영어 능력 평가도구 중 하나인 캠브리지 ESOL의 YLE(Young Learners English) 시험에 일련의 그림을 이야기로 전하는 문항이 있다. YLE 시험은 3단계(Starters, Movers, Flyers)로 구성되어 있는데 Flyers 단계는 250시간 이상 영어를 학습한 어린 학생을 대상으로 치러진다. 다음은 YLE 시험의 시행사 홈페이지에 나오는 Flyer 단계의 말하기 문항 샘플이다.

이와 같은 시험문항을 준비할 때 Part 4에서 제시된 스토리텔링 연습이 효과적일 수 있다. 말하기 학습이 처음이라면 '물 흐르듯 스토리를 연결하기' 혹은 '스토리 구성 요소를 채우면서 말하기' 활동이 좋다. 일련의 그림 내용에 이미 시작-중간-끝의 스토리 구조가 제공되었기 때문에 서두르지 말고 그림을 하나씩 천천히 말해보자.

이미 중급 수준으로 상급으로 진입하고자 한다면 Part 4의 '스토리 작가가 되어 말해보기', '물 흐르듯 스토리 연결하기'의 연습을 많이 하자. 대개 일련의 그림 안에 이미 구체적인 사건이 있고, 어떤 문제나 위험이 있지만 결국 해결되었다는 내용이 많다. 등장인물의 활동을 동사로 나열하면서 원인과 결과를 묶고 감정 형용사를 넣어 서술해보자.

다음 몇가지 질문에 답을 한다는 마음으로 그림의 순서대로 이야기를 전해보자.

☐ 처음 사건부터 끝까지 차례대로 스토리를 전하고 있는가?

☐ 등장인물이 외부의 방해물, 내적 갈등에 노출되고 있는가?

☐ 사건을 일으킨 원인, 원인에 따른 결과가 언급되는가?

☐ 등장인물의 활동이 나열되며 시제는 일관적으로 사용되는가?

John and Tim went to a ski resort. It was late night when they arrived there. It was pretty cold that night. When they sat down and took a rest, it was getting cold. They put on their gloves, and coats. Then the snow was falling. They took a snowman's umbrella, and under there they played the guitar and sang songs. People came over and had great fun together. They all danced and sang together. They all looked happy.

존과 팀은 스키장에 갔어요. 그들이 그곳에 도착했을 때 늦은 밤이었어요. 그날 밤에 날이 꽤 추웠어요. 앉아서 쉬고 있는데 더 추워졌어요. 장갑을 끼고, 코트를 입었어요. 그때 눈이 내리고 있었어요. 그들은 눈사람의 우산을 가져가서, 그 아래에서 기타를 연주하고 노래를 불렀습니다. 사람들이 와서 함께 재미있는 시간을 보냈어요. 그들은 모두 춤을 추고 함께 노래를 했죠. 모두 행복했습니다.

03

제시어에 기반을 둔 스토리텔링

주로 인터뷰 시험에서 빈번하게 사용되는 유형이다. 면접관에 의해 주어진 질문을 기초로 자신의 경험과 생각을 스토리로 전하는 과제다. 미국을 포함한 여러 국가에서 사용된 OPI(Oral Proficiency Interview) 말하기 시험, 혹은 컴퓨터 기반에서의 OPI 시험인 OPIc 시험에서도 제시어에 기반을 둔 스토리텔링 문항이 빈번하게 사용된다. OPI, OPIc는 그림 자료를 제공하지 않고 인터뷰 질문으로 수험자의 스토리텔링을 유도한다.

OPIc 수험자는 시험이 시작되기 전에 자신의 일상과 경험에 관한 배경 설문(Background Survey)에 응답하는데, 자신이 익숙하거나 경험했다고 선택한 항목에서 출발하여 연속적인 질문(follow-up questions)이 제시된다. 예를 들어 '야구'를 좋아한다고 선택했을 때 '야구'에 관한 경험, 좋아하는 야구선수, 기억에 남는 경기에 대한 연속적인 질문이 제시된다. 질문 내용은 주로 반복되는 일상적 생활, 학교나 직장생활, 가족, 이웃, 취미, 휴가, 출장, 기타 과거 경험에 관한 것이다. 다음은 OPIc 시험에서 만날 수 있는 예상 문항이다. 배경 설문조사에서 '학생'이라고 밝혔을 경우의 문항이다.

☐ What are you studying this year?

☐ Who is your favorite teacher? Describe the teacher.

☐ Tell me about your memorable experience with him or her.

☐ What do you usually do after classes?

이와 같은 시험 문항을 준비할 때는 우선 Part 2에서 제시된 ACTFL (American Council on Teaching of Foreign Langauges: 전미 외국어 교육 협의회) 기준의 영어 말하기 시험의 등급표를 이해하는 것이 중요하다. ACTFL 은 OPIc 시험을 개발했으며 ACTFL 등급표 중에서 상급에 해당되는 말하기 능력이 바로 스토리텔링이다. 상황과 사건을 길게 서술하며 특히 과거의 경험을 과거시제를 일관적으로 사용하면서 시간 순서와 인과 관계로 부연할 수 있는 능력이 중요하다.

특히 OPIc 시험에서는 다른 영어 말하기 시험과는 달리 개별 문항별 답변 제한시간이 없다는 점을 주목해야 한다. 타 시험들이 30초에서 60초 정도 응답 제한시간이 주어져서 한편으로 보면 거짓 유창성이 드러나지 않고도 시험 대비 전략만으로 시험 점수를 높일 수도 있다. 그러나 OPIc의 경우는 하나의 질문에 대해 얼마든지 길게 스토리텔링을 할 수 있는 시험이므로 자신의 스토리텔링 실력을 발휘해야 하는 시험이다. 길게 스토리로 전하지 못하고 짧게 응답할 수 있는 말하기 실력이라면 전체 응답 시간을 전부 사용하지 못하고 등급 판정 역시 중급을 벗어나지 못한다.

이 시험을 본격적으로 준비하려면 Part 2에서 설명한 자신의 스토리텔링 단계를 파악하고, 스토리텔링의 기본 구성 요소를 이해해야 한다. Part 3의 스토리텔링 학습 방법을 숙지하고, Part 4의 스토리텔링 연습을 스토리텔링 클럽에서 다양하게 경험해야 한다.

04

등급별 수험자의 스토리텔링 경향 분석

스토리텔링을 요구하는 말하기 시험의 문항 예시를 하나 보여주고 초급과 중급 수준의 수험자들이 어떤 말하기 특성을 가지고 있는지 살펴보자. 여기에서 숙명여자대학교에서 시행하고 있는 MATE(Multimedia Assisted Test of English) 말하기 시험 5번을 사용하기로 한다. 주어진 그림 속의 에피소드를 과거시제로 서술하는 문항이다.

    수험자는 위의 그림을 보고 회의에 아직 도착하지 못하고 있는 그림 속의 주인공이 되어서 자신에게 일어난 일련의 사건을 서술해야 한다. 국내 말하기 시험에서 빈번하게 등장하는 스토리 말하기 유형이다. 수험자는 주어진 그림을 컴퓨터 화면 위에서 보면서 아래의 지시문을 듣는다.

지시문

John Smith 씨가 회의에 아직 도착하지 않아 동료들이 걱정하고 있습니다. 당신은 John Smith 씨에게 전화를 걸어 그에게 일어난 일을 알게 되었습니다. Smith 씨에게 무슨 일이 있었는지 설명하십시오. 20초 동안 그림을 보십시오. 질문을 들은 후 1분 20초 동안 말하십시오. (20초 정지)

(음성, 자막) Prompt:(male voice): "What happened to John?"

    수험자는 그림을 보고 다음과 같은 순서로 스토리를 전개해야 한다. Part 2에서 설명한 도입-사건 전개-위기-해결의 순서의 직선형 스토리텔링 예시다. 지시문 내용에 의하면 그림 1은 John Smith가 운전을 하면서 회사로 오고 있는 상황이다. 두 번째 그림부터 본격적인 사건 전개가 시작된다. 상점 앞에 차를 세워두고 잠깐 나간 사이에 John Smith는 자신의 차가 견인된 것을 알게 된다(그림 3). 그리고 문제를 해결하는 과정이 그림 4와 5에 등장하며, 결국 그림 6에 자신의 차를 찾고 회사로 돌아오고 있다는 상황이 제시된다.

    이와 같은 스토리 말하기 과제를 초급, 중급 수준의 수험자들이 어떤 특성을 갖고 서술하는지 알아보기로 한다. 스토리텔링 기본 구성 요소를 이해하는 다음의 진단표 중에서 'Building편-직선형 I' 지침을 사용하기로 한다.

단계	그림	장면	장소
도입부		John Smith에 대한 전반적인 소개와 명확한 이야기 배경	
사건 전개 1	1	운전을 하며 회사에 오고 있었다.	차 안
사건 전개 2	2	오던 길에 물건을 사러 상점에 갔고, 그 앞에 차를 세웠다.	차 밖
사건 전개 3	3	물건을 산 후 밖에 나와 자신의 차가 불법주차로 견인됨을 알게 되었다.	가게 앞
사건 전개 4	4	견인소에 가서 차를 찾으려 했으나 자동차 열쇠를 상점에 두고 온 것을 알았다.	견인소
해결 1	5	다시 상점에 가서 자동차 열쇠를 찾았다.	가게 안
해결 2	6	겨우 자신의 차에 찾을 수 있었다.	견인소
감정 표현		Smith의 감정에 대한 언급이나 사건에 대한 자신의 감정 표현	
결론		문장 전체를 효과적으로 요약시키는 발화	

이와 같은 스토리를 초·중급 학습자들이 서술할 때 각각 어떤 특성이 나타나는지 알아보자.

1_ 초급 판정

이 과제에서 초급으로 판정받은 세명의 수험자(ID: 1, 2, 3) 시험 샘플을 다음과 같이 간단하게 진단하고 1번 수험자의 샘플을 좀 더 구체적으로 살펴보자.

ID	도입부	이야기 전개	결론부	감정 표현	지시어	시제	연결사
1	X	1~3	X	X	I, my	현재진행+현재	and, but, so
2	O	1~4	X	O	I, my, he, his	현재+과거	first, then, and, but, so
3	X	1~6	X	X	he, his	과거+현재	and, then, so

샘플

I'm driving a car for, um, business, uh, but, uh, I, uh, I buy, uh, I buy drink, uh, um, uh, and uh, I, um, take, uh, take an, uh, take out, my car and go to, uh, supermarket. Uh, but, uh, my car is, um, uh, is, uh, is, uh, my car is, uh, ah, I, uh, go, go out supermarket, uh, but, uh, my car is, uh, my car, uh, is, uh, uh. My car, uh, ah, has, ah, hasn't in place, uh, so I, uh, I have to, uh. I have to, uh, ah.

전 차를, 어, 비즈니스 때문에 운전하는데, 어, 그런데, 어, 전, 어, 전 사요, 어, 전 마실 것 사요. 어, 음, 어, 그리고, 아, 전, 어, 제 차를, 어, 저와, 어, 나가요. 그리고, 어, 슈퍼마켓에 가요. 아, 그런데, 어, 제 차는, 음, 아, 그게, 어, 어, 제 차는, 아, 제가, 어, 슈퍼마켓에 가요, 어, 그런데, 어, 제 차가, 어, 제 차가, 어, 어. 제 차가, 어, 아, 그게, 아, 없어요. 그곳에 어, 그래서 전, 어, 전 해야 해요, 어. 해야 해요, 어, 아.

초급 수준의 수험자들은 이야기를 전개시키는 과정에서부터 어려움을 겪으며 그림 내용을 처음부터 끝까지 충분히 전달하지 못한다. 과거시제 관리, 다양한 지시어나 연결어 사용, 이야기의 응집성은 나중의 문제고, 일단 문장 하나하나를 즉흥적으로 만들고 연결하는 스토리텔링 연습이 시급한 단계다. Part 4의 '스토리 내용을 처음부터 끝까지 연결하기', '스토리 구성 요소 채우면서 전달하기' 연습이 반복되어야 한다.

단어나 이미 암기한 구문 형태를 통해 단순한 정보를 나열하는 수준이므로 이야기의 기본 줄거리를 전달하는 연습이 필요하다. 초급 수험자들은 일반적으로 스토리의 도입부와 사건을 간단하게 요약하고, 의미를 부여하는 종결부를 생략한다. 사건 배경, 등장 인물의 감정 상태, 중심 사건, 주제를 나타내는 장치가 없고, 언급한 사건을 구체적으로 묘사하지도 못한다. 활동(action) 동사로 등장인물의 구체적인 활동을 표현하지 못하며, 과거형보다는 현재시제를 선호한다.

Part 2에서 언급된 진단표(Building편)을 기반으로 1번 수험자의 직선형 스토리텔링 구성을 다음과 같이 진단했다.

스토리 구성 요소를 잘 반영할 수 있나요? – 직선형 1

0 = 전혀 안 됩니다, 1 = 잘 되지 않습니다, 2 = 가끔 됩니다, 3 = 잘 됩니다

기준	당신은…	0	1	2	3
시작	1. 배경 장소에 대해 언급합니까?	*			
	2. 배경 시간에 대해 언급합니까?	*			
	3. 등장인물이 누구인지 구체적으로 언급합니까?		*		
	4. 어떤 이야기인지에 대해 기본 정보를 제공합니까?		*		
중간	1. 갈등이나 위기로 사건을 전개합니까?		*		
	2. 사건 속에 여러 가지 활동 동사가 나열됩니까?		*		
	3. 사건에 대한 본인의 느낌이나 의견을 제시하고 있습니까?	*			
	4. 사건 등장인물의 느낌이나 생각을 언급합니까?	*			
마무리	1. 갈등이나 위기가 어떻게 해결되었는지 말합니까?	*			
	2. 해결을 요약하면서 어떤 결론을 제시하거나 다가올 수 있는 어떤 일을 예상해봅니까?	*			
	3. 이야기가 어떤 의미나 가치가 있는지 언급합니까?	*			

	진단평
Can-do	그림 1에서 3까지 내용을 문장으로 전달
Cannot-do	• 도입부를 생략한다. 배경 설명이 부족하다. 도입부 정보 없이 곧장 남자가 자동차를 운전하고 있다는 그림 1을 묘사한다. • 이야기를 종결시키지 못한다. 이야기 전개를 끝마치고 결말 정보를 제공하지 못한다. • 사건에 대한 느낌과 의미, 등장인물의 감정 표현 요소가 없다. • 과거시제를 사용하지 못하고, 지시어와 연결사 사용이 빈약하다.
Coaching	Part 4에서 제공되는 스토리 내용 연결, 스토리 구성 요소 채우기, 즉흥적으로 빨리 스토리를 구성해보는 연습이 절대적으로 필요하다. 문장을 하나하나씩 만들어 사건을 연결하는 스토리텔링 연습이 필요하다.

2_ 중급

중급으로 판정받은 다섯 명의 수험자 (ID: 6, 7, 8, 9, 10) 시험 샘플을 다음과 같이 간략하게 진단하였다. 9번 수험자의 샘플을 좀 더 구체적으로 알아보자.

ID	도입부	이야기 전개	결론부	감정 표현	지시어	시제	연결사
6	X	l~6	X	O	he, his	현재진행+ 현재+과거	and, so
7	X	l~6	X	X	I, my	현재진행+ 과거+현재	and
8	X	l~6	X	X	he, his	현재진행+ 현재+과거	then, and, but
9	O	l~4	X	X	he, his, it	현재+ 현재진행	first of all, so, and then, but
10	O	l~6	X	X	he, his, some	과거진행+ 과거+현재	because, but, so, at the time

샘플

Yes, John Smith has, John Smith has many thing, different things, many different things. John Smith was driving yesterday. He, He, dropped at, he dropped by a store because he want to some, he want to some, he want to, he want to buy some, he want to buy some. But he went out, he didn't find his car. So he went to the, he went, he went, he, he went to the office but at the time he realized he put his key at the store, so he dropped at, he dropped by at the store again. He starts his meeting.

예, 존 스미스는, 존 스미스에게는 많은 것이 있어요, 여러 가지 것, 다른 여러 가지 것이요. 존 스미스는 어제 운전하고 있었죠. 그는, 그는, 잠깐 들렀는데, 가게에 잠깐 들렀어요. 뭘 원해서, 뭘 원해서, 뭘 사길 원해서, 뭘 사길 원했거든요. 그런데 그가 나왔는데, 차를 찾을 수가 없었어요. 그래서 그는 갔어요, 갔어요,

갔는데, 그는, 사무실로 갔는데 그때 상점에 열쇠를 둔 것을 알았어요. 그래서 들렀어요. 다시 그 가게에 들렀어요. 그는 회의를 시작해요.

중급 수준의 수험자들은 문장 구성 능력이 있기 때문에 주어진 그림 하나하나를 차근차근 서술할 수 있다. 초급 학습자가 도입부를 완전히 생략하는 것에 비하여 중급 학습자는 도입부에서 간략한 정보를 제공할 수 있다. 도입부는 지시문과 자신의 스토리를 적절히 연결시켜주고 앞으로 말할 사건을 요약해주는 역할을 하지만 중급 학습자는 이러한 도입부를 완벽하게 표현하지 못한다.

또한 중급 학습자는 앞에서 제시한 초급 학습자보다 다양한 지시어와 연결사를 사용하여 시간 순서대로 사건을 서술할 수 있으나 사건과 사건 간의 응집력은 약하다. 현재시제 외에 다른 시제도 적절하게 사용할 수 있지만 일관성 있게 과거시제를 사용하지 않는 오류가 있다. 등장인물의 감정 상태와 인물이 처한 상황에 대한 자신의 감정 표현이 생략되거나 너무 간결하다. 단순히 이야기 줄거리를 전달하느라 결론을 자연스럽게 맺지 못하며 이야기 속에서 자신의 감정적 판단, 태도 등을 반영하여 보여주는 것이 부족하다.

Part 2에서 언급된 진단표(Building편)을 기반으로 9번 수험자의 직선형 스토리텔링 구성을 다음과 같이 진단했다.

0 = 전혀 안 됩니다, 1 = 잘 되지 않습니다, 2 = 가끔 됩니다, 3 = 잘 됩니다

기준	당신은…	0	1	2	3
시작	1. 배경 장소에 대해 언급합니까?	*			
	2. 배경 시간에 대해 언급합니까?			*	
	3. 등장인물이 누구인지 구체적으로 언급합니까?			*	
	4. 어떤 이야기인지 기본 정보를 제공합니까?			*	
중간	1. 갈등이나 위기로 사건을 전개합니까?			*	
	2. 사건 속에 여러 가지 활동이 나열됩니까?		*		
	3. 사건에 대한 본인의 느낌이나 의견을 말합니까?	*			
	4. 사건 등장인물의 느낌이나 생각을 말합니까?	*			
마무리	1. 갈등이나 위기가 어떻게 해결되었는지 말합니까?		*		
	2. 해결을 요약하면서 어떤 결론을 제시하거나 다가올 수 있는 어떤 일을 예상해봅니까?		*		
	3. 이야기가 어떤 의미나 가치가 있는지 언급합니까?	*			

	진단평
Can-do	• 스토리 줄거리를 처음부터 끝까지 전달하였다. • 도입부를 간단히 언급하였다. • 지시어, 연결사, 시제 활용이 다양하다.
Cannot-do	• 일관적으로 시제를 활용하지 못하고, 과거경험을 전달하면서 미래형과 현재형을 혼용해서 사용하였다. • 등장인물의 활동이 구체적으로 묘사되어 있지 않다. • 종결부의 완성도가 낮다. 사건에 대한 느낌과 의미, 등장인물의 감정에 대한 감정표현 요소가 생략되어 있다.
Coaching	Part 4에서 제공되는 배경, 인물, 사물의 묘사 연습, 스토리텔링 작가 연습, 감정 전하기나 목소리 연습이 필요하다. 도입부에서 구체적인 배경, 사건의 정보, 등장인물이 주제와 연결하여 언급해보자. 활동 동사를 사용하여 사건을 박진감 있게 전개시키고 감정을 나타내는 형용사도 활용해보자.

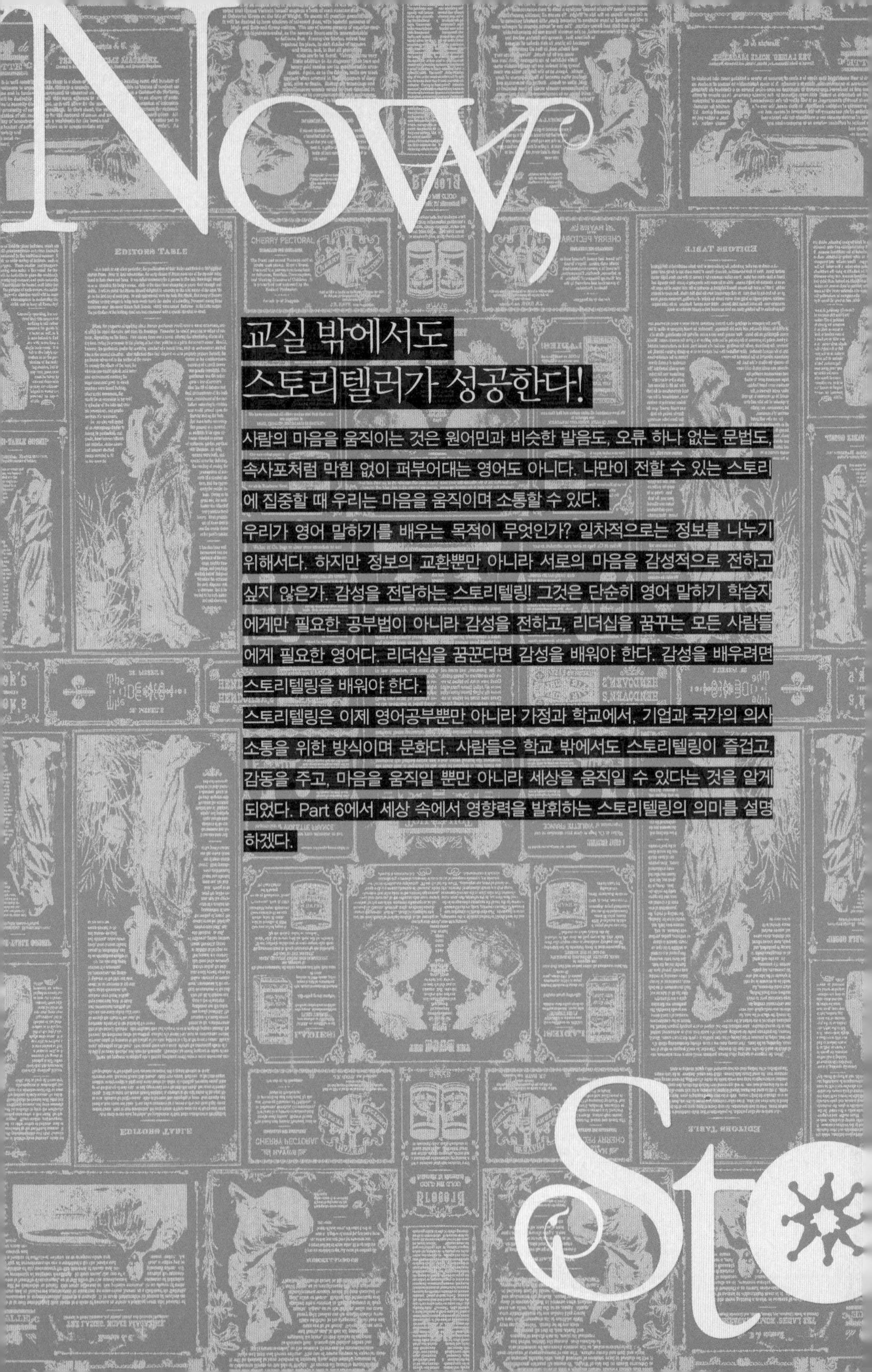

교실 밖에서도 스토리텔러가 성공한다!

사람의 마음을 움직이는 것은 원어민과 비슷한 발음도, 오류 하나 없는 문법도, 속사포처럼 막힘 없이 퍼부어대는 영어도 아니다. 나만이 전할 수 있는 스토리에 집중할 때 우리는 마음을 움직이며 소통할 수 있다.

우리가 영어 말하기를 배우는 목적이 무엇인가? 일차적으로는 정보를 나누기 위해서다. 하지만 정보의 교환뿐만 아니라 서로의 마음을 감성적으로 전하고 싶지 않은가. 감성을 전달하는 스토리텔링! 그것은 단순히 영어 말하기 학습자에게만 필요한 공부법이 아니라 감성을 전하고, 리더십을 꿈꾸는 모든 사람들에게 필요한 영어다. 리더십을 꿈꾼다면 감성을 배워야 한다. 감성을 배우려면 스토리텔링을 배워야 한다.

스토리텔링은 이제 영어공부뿐만 아니라 가정과 학교에서, 기업과 국가의 의사소통을 위한 방식이며 문화다. 사람들은 학교 밖에서도 스토리텔링이 즐겁고, 감동을 주고, 마음을 움직일 뿐만 아니라 세상을 움직일 수 있다는 것을 알게 되었다. Part 6에서 세상 속에서 영향력을 발휘하는 스토리텔링의 의미를 설명하겠다.

Part 6 단계
[자기계발 방식]

말의 시대는
스토리텔링의 시대

영어 교육의 현장에서는 발음과 어휘, 구문과 표현의 공부에 대한 이야기가 넘치지만 교실 밖을 나가면 영어는 각자의 다양한 삶을 공유하기 위한 구체적인 수단이 된다. 우리는 어쩌면 영어 학습의 홍수 속에서 스토리텔링의 필요와 그것이 주는 즐거움을 잊고 있는지도 모른다.

스토리텔링은 'Story', 'Tell', 'ing'으로 구성된 말로 '지금 스토리를 말하다'라는 의미를 갖고 있다. 책에 적힌 스토리는 인쇄 매체의 특성을 지니고 있으며 지금 바로 이곳에서 말로 나눌 수 있는 스토리텔링은 구술성, 현장성, 상호작용의 특성이 있다. 구술과 영상 정보를 포함한 스토리텔링은 최근 주목받는 정보 통신 기술로 인해 접근이 훨씬 수월해졌다. 자신의 일상성을 말과 영상으로 표현할 수 있도록 해주는 멀티미디어 매체의 발달이 스토리텔링 문화가 자리잡도록 했다.

문자가 발명되기 전에는 말의 시대였다. 문자가 생기면서 글의 의사소통이 시작되었다. 원거리에 있는 사람에게 책을 전하고 지식을 저장하기도 했다. 글은 정보와 소통을 위한 한 혁명적인 발명품인 셈이다. 그러나 글의 시대에도 한계가 있었다. 알고 있거나 느끼고 있는 것이 의도대로 전달되지 않았고, 말이 아닌 글로 전할 때 의미가 축소되고 왜곡되기도 했다. 문자로 전달되는 이미지나 느낌에는 한계가 있고, 글을 쓴 사람과 읽는 사람이 같은 맥락 속에 있지 못하기 때문에 실질적으로 상호작용이 생기지 않았다. 글의 시대에는 문법이 지나치게 중요했으며 논리적인 의미로 전달되었다.

지난 20년 동안 글의 한계를 극복할 수 있는 새로운 매체가 등장했다. 바로 디지털 매체를 통해 말의 르네상스, 스토리텔링의 시대가 본격적으로 열린 것이다. 편리한 멀티미디어 도구가 등장하고, 내 일상과 삶의 공간을 글이 아닌 말과 영상으로 전달하고 저장할 수 있게 되었다. 21세기가 되면서 천 년이 넘는 문자 독주 시대에 종지부를 찍고 영상 통화까지 할 수 있는 말하기 시대가 열린 것이다.

디지털 가상 공간의 매체는 의사소통 문화를 좀 더 즐겁게 재구성한다. 말로 전하는 의사소통은 좀 더 감성적이고 놀이 측면이 부각되어 일상의 에피소드를 공유하게 한다. 예를 들어 글 같은 말, 말 같은 글이 음성과 영상이 담긴 스토리텔링 코드로 유튜브와 같은 인터넷 공간에서 빠른 속도로 전파되고 있다.

심지어 스토리를 텔링하는 새로운 문화는 물건을 사고 팔 때, 조직의 비전을 전달할 때, 공동체의 문화를 발전시킬 때에도 통용되고 있다. 교실 밖에서도 이제 본격적으로 말의 시대가 열리고 있다. 말의 시대, 영상의 시대, 디지털의 시대에서는 누구나 감성적 스토리텔링을 배워야 한다. 감성을 가장 잘 전달할 수 있는 방법이 자신만의 스토리가 있는 의사소통이기 때문이다. 말의 시대, 그 중심에 스토리텔링이 있다.

02

감성 리더십을 위한 스토리텔링

나는 영어영문학과 교수로서 영어 의사소통, 말하기, 영어능력 평가에 대한 연구와 교육 활동을 담당하면서, 미국에서 MBA를 공부하여 마케팅, 브랜드, 감성 커뮤니케이션, 자기계발, 글로벌 리더십 분야에 관한 책에도 관심을 갖고 있다. 각 영역간에 멋진 조합을 찾곤 하는데, 스토리텔링이 항상 접점의 역할을 한다. 스토리텔링 활동은 개인과 기업의 의사소통 전략, 감성 커뮤니케이션, 리더십 교육과 연결될 수 있다.

기업도 개인처럼 사실적이고 논리적인 정보 외에 일상적인 스토리를 공유하면서 감성적인 의사소통을 할 때가 많다. 통계수치보다 감성 커뮤니케이션을 통해 상대방을 설득시키는 기술이 최근 강조되고 있다. 문화간 의사소통, 국제적 교류에 비전을 갖고 있는 기업은 리더를 뽑을 때, 리더십 교육을 구성할 때, 감성적 스토리를 수집하고 잘 전달할 수 있는 인재에 집중한다.

발표하고 토론하고 협상하는 최고경영자(CEO)의 덕목으로 이야기꾼(CSO: Chief Storytelling Officer)으로서 자질이 자주 거론되고 있다. 21세기는 정보를 가진 자보다 감성적 스토리를 가진 자가 주목을 받는 세상이다. 21세기형 리더는 논리적인 말보다 공감할 수 있는 따뜻한 스토리를 전하며, 자신과 조직의 정체성에 새로운 방향을 제시해야 한다. 리더는 곧 스토리텔러이며 자신의 삶에서 그 스토리를 실천하는 사람이다. 자신의 내면을 탐색하고 추적하고 그것을 자신만의 이야기로 편집하여 생산할 수 있는 자가 미래의 리더다. 오바바 대통령도 자신만의 이야기를 멋지게 재편집한 스토리텔러다.

누군가가 대한민국에서는 아직 과묵함이 미덕이라고 감성과 스토리텔링의 의미를 폄하한다면 이렇게 말해주고 싶다. 미국도 수십 년 전 존웨인, 숀 코너리의 과묵함에 흠뻑 빠져 있었던 적이 있다. 하지만 이제는 과묵함보다는 스토리텔러 역할을 맡은 수다쟁이 리더십이 더 주목받고 있다. 미국의 미디어를 통해 환영받는 리더십은 말을 걸고 협력을 이끌어가는 스토리텔러의 이미지다. 한국에서도 그저 과묵하기만 했던 아버지, 남편, 사장님들이 과거와는 비교할 수 없는 이야기꾼, 수다쟁이로 변신하고 있다.

스토리텔링을 통해 감성적으로 상대방에게 마음을 전하는 방식은 리더십 교육 과정에서도 반영되고 있다. 마음을 울리는 한 토막의 이야기를 듣고, 읽고, 찾고, 말해보는 연습은 어떤 리더에게도 필요하다. 감동을 줄 수 있는, 쉽고 편안한 소재의 스토리를 솔직하고 설득력 있게 전달하는 연습을 반복하면, 리더십 교육 참여자들의 신념과 행동에 변화를 일으킬 수 있다. 예를 들어 '아버지 학교'는 소그룹의 스토리텔링 클럽 안에서 참가자들이 일상과 개인사에 관한 스토리를 구술로 공유하는 아버지 리더십 교육 프로그램이다. 아들로서, 남편으로서, 아버지로서 겪은 구체적인 에피소드를 나누면서 성찰한다. 각자의 스토리를 전하고, 그 이야기를 들은 아버지들이 자신의 이야기를 다시 전하면서 묘한 공동체 의식을 느낀다.

여전히 권위적인 리더들이 스토리텔링으로 감성적 소통을 시도해본다면 조직 안에서 불필요한 긴장감이 사라지고, 차세대 리더를 배양시킬 수 있다. 아버지가 아들에게, 팀장이 팀원에게, 교장이 교사에게 이미 경험한 스토리를 공유하며 리더십 교육을 할 수 있다. 스토리텔링은 그저 영어 공부법만은 아니다.

03

글로벌 기업에서 찾는 스토리텔링 인재

글로벌 기업에서 영어 말하기 시험을 시행해보면 거의 예외 없이 80% 정도의 직원들이 중급 이하 수준으로 판정된다. 영어 회화 학원을 다니면서 말하기 공부를 성실하게 했는데 신입 사원부터 과장님, 부장님까지 10년이 지나도 여전히 만년 중급을 벗어나지 못하는 이유는 그 수준의 회화 공부만 계속 반복하기 때문이다. 학습자 개인으로도 안타깝지만, 기업의 입장에서도 얼마나 큰 소모인가?

이제 기업은 영어 말하기 공부에 관한 패러다임을 바꿔야 한다. 자신의 업무를 통해서도 스토리텔링의 가치를 재고해야 한다. 많은 (비)영리단체, 혁신적인 기업들이 스토리를 조직 관리의 도구로 활용하고 있다는 점을 주목하자. 조직의 창립자와 구성원들의 일화를 스토리로 전하면서 조직의 역사를 만들고, 구성원들의 협력을 이끌고 있다.

자신의 조직 문화를 대외적으로 영어로 전해야 하는 직장인이라면 스토리 기반의 말하기 활동을 꾸준히 연습해야 한다. 글로벌 기업을 꿈꾸는 조직이라면 구성원들이 집중해야 할 외국어 역량은 바로 스토리텔링이다. 세계 곳곳으로 글로벌 조직을 구축하는 기업에서 스토리텔링 기반의 의사소통과 관리 기술은 반드시 필요하다.

국내의 글로벌 기업을 자문할 때 영어 교육을 담당하고 있는 책임자로부터 들은 이야기가 떠오른다. 영어 잘하는 직원을 뽑아서 외국지사로 파견을 보낼 때마다 겪는 곤혹감에 관한 내용이었다. 해외에 파견된 담당자와 현지인 사이에 반복적으로 문제가 발생했다. 사소한 문제로 오해가 자주 생긴 이유는 일상에서 다른 사람을 이해하는 태도가 부족했기 때문이었다. 한국인 직원은 일 처리 능력도 뛰어났고, 발표와 토론에서도 두각을 나타냈지만, 의사소통 방식이 무례하다는 지적을 자주 받았다고 했다. 결국 삶을 나누는 스토리텔링 능력의 부족 때문이었다.

그렇다면 글로벌 기업 직원들에게 필요한 영어 말하기와 스토리텔링의 기술은 무엇일까? 다음의 질문에 대한 나의 답변을 생각해보자. 스토리를 나눌 수 있는 말하기를 충분히 배웠는가? 회사가 설립될 당시에 어려운 환경에 있었고, 살아남기 위해 어떤 노력을 했고, 훌륭한 구성원의 희생이 있었고, 마침내 놀랄 만한 성공을 이루었다는 멋진 스토리 몇 개쯤은 거뜬히 말할 수 있는가? 글로벌 기업의 몇 퍼센트의 직원들이 새로운 전략 기획 과정에서 성공과 실패의 경영 사례를 스토리로 전할 수 있을까?

아직도 영어 말하기 공부라고 하면 원어민 회화 공부만 떠올려서는 안 된다. 기업은 이제 스토리를 전할 수 있는 인재를 찾아야 한다.

04 콘텐츠 산업의 스토리텔링 마케팅

기업은 광고 속 스토리를 통하여 소비자들의 감성을 움직이고 있다. 기업은 스토리텔링 마케팅을 위해 상품에 얽힌 이야기를 가공, 포장하여 광고와 판촉 등에 활용한다. 지금은 산업화 시대가 아닌 정보화 시대, 감성화 시대다. 물건과 서비스를 인터넷에서 쉽게 구매할 수 있다. 저렴한 물건부터 고가의 명품까지 브랜드 종류도 다양하다. 소비자의 선택의 폭이 넓어진 만큼 감성적 친밀감을 제공할 수 있는 스토리텔링 마케팅이 더욱더 중요하다.

스토리가 부가가치를 만들며 이를 통해 새로운 시장이 형성된다면, 스토리를 편집하여 잘 전달할 수 있는 사람이 인재로 성장할 수 있다. 많은 사람들이 좋아하고 독특한 브랜드 가치를 가장 잘 설명할 수 있는 매력적인 스토리를 찾아야 할 곳에 스토리텔링 말하기 능력이 큰 도움이 될 것이다.

문화 콘텐츠 분야에서 일할 것이라면 스토리텔링 말하기 공부를 제안한다. 지식 사회에서 손꼽히는 미래 자산이 바로 문화 콘텐츠이며, 스토리텔링은 이러한 문화 콘텐츠 개발 과정에서의 핵심 자산임이 분명하다. 현재진행형의 개념이 내포된 스토리텔링이 문화 콘텐츠 영역에서 빈번하게 사용되는 이유는 무엇일까? 인터넷과 멀티미디어 환경의 발달 등 디지털 매체가 양산되고 있고, 이러한 공간에서 데이터베이스로 구성된 다양한 이야기가 다른 내용으로 지금 이 순간에도 새롭게 조합되고 전개될 수 있기 때문이다.

획일적인 하나의 줄거리로 구성된 스토리 자체로도 충분할 때가 있었고, 온라인 아바타 놀이가 유행이었던 때도 있었다. 이제는 단 하나의 스토리 줄거리에 고착되지 않고 자신의 선호도에 따른 이야기들을 새롭게 선택하고 재구성할 수 있는 스토리텔링에 관심이 높아지고 있다. 이러한 측면에서 문화 콘텐츠 산업군에서는 현재진행형의 개념이 들어 있는 스토리텔링을 스토리라는 단어보다 선호한다. 교육, 놀이, 감성적 속성이 하나로 구성된, 스토리 기반의 영상 자료를 어디서든 쉽게 찾아볼 수 있다.

이러한 시대에 어떤 영어 교육이 주목을 받을 수 있을까? 당연히 스토리텔링을 기반으로 한 영어 공부가 그 가치를 새롭게 인정받을 것이다. 20세기에는 산업화, 표준화의 논리로 교육의 대중화 시대가 열렸다. 교육 현장에서도 개인보다는 집단, 감성보다는 이성, 활동보다는 지식, 통합보다는 분담에 집중했다. 영어 공부도 이러한 흐름에서 예외는 아니다. 21세기에는 스토리를 기반으로 읽고 말하고 쓰는 활동, 감성적 가치를 존중하고 개인의 역사나 꿈을 스토리로 표현하는 언어 교육의 필요성이 더욱 부각될 것이다.

영어 교육 현장에 콘텐츠 개발 산업을 강화시키기 위한 기능성을 새롭게 추가한다면 스토리텔링 언어 교육에 혁신적인 변화가 일어날 수 있다. 스토리텔링 전문 기업이 등장하고 문학, 만화, 영화, 게임, 모바일, 테마파크, 홈쇼핑 등의 공간을 입체적으로 움직이는 콘텐츠가 세상에 등장할수록 스토리텔링 공부의 필요성은 갈수록 부각될 것이다.

초등학생에게 더 필요한 스토리텔링

대부분의 초등학생은 고학년으로 올라가면서 영어 말하기 공부를 싫어한다. 다른 것은 다 잘해도 말하기는 불편한 학생도 많다. 대학생과 직장인을 면담해보면 초등학생 때부터 부정적으로 인식한 영어 말하기 학습 경험이 성인이 되어서도 나쁜 영향을 준다는 것을 깨닫는다.

강남의 한 서점에서 열린 학부모 초청 공개 세미나 동영상을 본 적이 있다. 유명 강사가 학부모에게 파닉스의 중요성을 거듭 강조하면서 어릴 때부터 발음 학습에 올인하지 않으면 영어 말하기 학습에 큰 지장을 줄 수 있다고 강조하니 학부모들은 연신 고개를 끄덕인다. 발음 학습이 필요하지만, 발음을 잘하지 않으면 말하기 공부에 큰 문제가 생긴다는 것은 비약이다. 오히려 발음과 어휘 학습만 계속 반복한다면 스토리텔링을 제대로 연습할 수 없다. 말하기를 배우려면 스토리의 흐름을 전달하는 연습을 해야지 발음에만 신경쓰면 발전이 없다.

스토리텔링은 고등학생, 대학생, 혹은 직장인에게만 요구되는 말하기 공부법이 아니다. 오히려 초등학생에게 더 중요한 공부법이다. 최근 사립 초등학교에서는 미국 초등학교 교과서로 영어 공부하는 것이 큰 인기를 얻었다. 미국 초등학교 4~5학년 수준이 우리나라에서 치뤄지고 있는 대입 수능 외국어영역 정도의 난이도인데 교과서의 대부분을 구성하고 있는 것이 바로 스토리다.

초등학생에게 가르치고자 하는 학습 내용을 그와 어울리는 스토리 안에 넣어 전달하면 훨씬 편안하게 이해할 수 있을 뿐만 아니라 배운 내용을 현실에 잘 적용할 수 있다. 상황 안에서 스토리로 학습하면 복잡한 내용을 더욱 쉽고 오랫동안 기억한다. 딱딱한 공식이나 어려운 용어도 스토리 속에서 설명하면 훨씬 생동감 있는 지식으로 전달된다. 최근 스토리에 민감한 초등학생이 장차 똑똑한 학습자로 성장할 수 있다는 인식이 공유되면서 스토리를 기반으로 한 학습서가 봇물 터지듯 출간되고 있다.

이렇듯 한국의 초등 교육 현장에도 이미 스토리는 존재한다. 하지만 스토리 읽기와 듣기 학습에 집중되어 있으며 스토리를 말할 수 있는 기회는 여전히 제한적이다. 읽고 나서 말로 전하면 읽은 것이 더 잘 정리되고 성취감도 더 크다. 초등학생들은 글보다는 구술 활동을 통해 자신의 지식을 발전시키고 정서적·인지적으로 성장한다. 대부분의 아이들은 말로 무언가를 배우기 좋아하는데 특히 스토리를 읽고 말하는 것에 큰 즐거움을 느낀다.

따라서 학교나 가정에서 스토리를 기반으로 한 말하기 연습이 필요하다. 책을 좋아한다면 소리내어 읽어보도록 하자. 정독한 후 자연스럽게 내용에 대한 대화를 이끌어 낼 수 있고, 책 속에서 가장 좋아하는 단락만 큰소리로 다시 읽어보거나 좋아하는 그림에 대해 말해볼 수 있다. 글이 말이 되고 말이 글이 되는 '소리내어 읽기'는 책 내용을 기반으로 한 말하기 활동에 큰 도움이 된다.

텍스트를 함께 읽는 활동은 말하기의 기본기를 강화시키면서 언어 활동에서 필요한 협동심도 가르쳐줄 수 있다. 다른 사람들 앞에서 큰 소리로 자주 책을 읽은 학생이 말하기 활동에 대한 부담감도 적은 편이다. 짧은 스토리를 읽고 역할을 나눠서 낭독하는 것도 본격적인 말하기 활동 이전에 시도해 볼 수 있는 좋은 연습이다. 낭독극은 영어를 처음 배우는 학생들에게도 유창하게 말해보는 즐거움과 성취감을 동시에 줄 수 있다.

06

스토리텔러로 성장하기

대한민국 어디에서든지 영어 말하기에 관한 고민은 빠지지 않는다. 영어 회화 수업을 듣거나 어학연수나 취업을 위한 인터뷰를 준비하는 학생들뿐만 아니라 가정에서, 이웃과 대화할 때도 늘 영어 말하기에 관한 질문과 고민을 듣게 된다. 자녀의 영어 공부를 직접 코칭하는 30~40대 학부모 중에서 영어 교육에 관해 전문가 수준의 경험과 의견을 갖고 계신 분들도 있다. 그들은 회화책과 학원에 만족하지 못하고 영어 말하기 시험에 대해서도 의심이 많다.

영어를 배울 때 말하기를 꼭 배워야 하는 것이냐고 묻는 사람도 꽤 많다. 그들은 한국에서 영어 말하기를 공부해도 막상 해외여행을 갈 때만 쓰지 과연 영어로 말할 일이 얼마나 있겠냐고 말한다. 그러나 영어라는 언어를 배운다면 말하기부터 배워야 한다. 제대로 말하지 못하면 해당 언어와 문화에 공격적이거나 열등한 마음을 갖기 쉽다. 해외 여행을 가지 않아도 우리 주변에는 영어로 소통해야 할 상황이 많다. 영어 말하기 교육을 위한 비용 때문에 공부가 어렵다는 주장도 핑계다. 영어 말하기 교육의 비용 문제는 자기주도적인 long-run talk 학습, 스토리텔링 클럽에서 해결할 수 있다.

말하기는 우리의 일상이다. 일상성 없는 언어 교육에는 생동감이 없다. 일상에서 말한다는 것은 바로 스토리를 주고받는다는 의미다. 어떤 곳에서 원어민 선생님이 문제를 일으켜 몇몇 사람들이 문제제기를 한 적이 있다. 쉽게 해결할 수 있는 문제였는데 사건은 눈덩이처럼 커져 그 선생님은 해고되었다. 그런데 그 원어민 선생님과 직접 이야기를 나눈 사람은 아무도 없었다. 오직 e-mail이 사무적으로 교환되었을 뿐이었다. 이렇듯 말로 이야기를 나누지 못하는 조직은 무미건조하며 긴장감이 넘치는 곳이 된다. 영어를 공부하거나 사용하는 그 현장에 이야기가 없다면, 그 영어는 거짓 유창성 바이러스일 가능성이 높다.

말 배우기는 그렇게 거창한 것이 아니다. 우리는 스토리를 읽을 수 있는 만큼 말하기를 배울 수 있다. 스토리텔링 공부법의 가장 큰 장점은 동료 코칭을 할 수 있다는 점이다. 스토리텔링은 비원어민 교사도 얼마든지 콘텐츠를 만들 수 있고, 비원어민인 엄마 아빠도 아이들의 스토리 읽기를 들어줄 수 있다.

스토리텔링 영어를 가르친 민희라는 학생이 학기가 끝날 무렵 내게 이렇게 말했던 기억이 난다. "교수님, 제가 처음에 상담 왔을 때, 교수님께서 제게 하신 질문 기억나세요? 바로 '영어 말하기를 잘한다는 것은 어떤 의미인가?'라는 질문이었어요. 전 영어 말하기에 관해서는 늘 원어민이나 저보다 잘하는 친구들에 대한 시기심이 있었거든요. 그 기준은 발음이었어요. 그것이 교수님이 말씀하신 거짓 유창성인 것 같아요. 스토리텔링 말하기 학습을 시작하면서 정말 좋은 건 제가 말하고 싶은 영어에 제가 집중한다는 거예요. 다른 사람이 아니라, 내가 말하고 싶은 것에 대해 준비하고 연습할 수 있다는 것이 정말 좋아요."

나는 민희가 스토리텔러로 계속 성장하면 좋겠다. 앞으로도 민희 같은 학생이 더욱 많아지기를 바란다.

Epilogue

많은 영어 학습자들이 여러 방법의 영어 말하기 학습을 시도하지만, 그 결과는 그다지 신통치 않다. 어휘와 문법, 청취와 독해, 심지어 그렇게 어렵게 느껴지는 쓰기보다도 말하기의 학습 효과는 빨리 나타나지 않고 학습에 대한 동기 부여도 어렵다.

Now, Try Story-Telling!

나는 많은 학습자들이 이미 중급 수준의 영어 말하기 실력을 가지고 있다는 점에 주목했다. 그리고 중급에서 갑자기 최상급 수준의 영어 학습자가 되려고 애쓰지 말고, 먼저 자신의 경험과 느낌을 말하는 스토리텔링 학습자가 되어 보라고 제안한다. 연습만 하면 누구나 스토리텔링 영어를 배울 수 있다. 스토리텔링 학습을 반복하면 최상급 수준의 발표와 토론 학습에도 효과적이다.

중급 학습자들이 최상급 영어를 목표로 공부하면 지친다. 영어만 잘한다고 되는 것이 아니라 세상의 폭 넓은 지식이 있어야 발표와 토론 같은 공식적인 언어 활동을 경험할 수 있다. 중급 학습자들이 반드시 기억해야 할 점은 상급 수준의 스토리텔링 학습이 충분하지 않으면 최상급 수준의 발표, 토론, 의견 말하기 연습에도 진척이 없다는 것이다. 대부분의 학습자들이 회화 학원이나 어학 연수에서 문장 표현을 익히며 중급 수준의 학습을 하다가 갑자기 상급 수준의 CNN 뉴스를 보거나 영자 신문을 읽으며 공부한다. 중간 단계의 연습이 부족하다면 최상급 수준의 영어 말하기 학습에서 결코 성공할 수 없다.

상급 수준의 스토리텔링 말하기 연습 없이 최상급 수준의 영어 말하기를 학습하는 것은 축구로 치면 미드 필더를 거치지 않는 무식한 공격 패턴이라고 이미 언급했다. 수비수들이 최종 공격수에게 롱패스만 반복하는 격이다. 영어도 마찬가지다. 스토리란 일상 소재로 표현하고 싶은 것을 말하는 연습이 없다면 의견을 말하고 토론에 참여하는 최상급 말하기 학습에 지칠 수밖에 없다. 한국의 영어 말하기 교육에는 영어 회화 아니면 토론으로 만년 중급 영어가 아니면 최상급 영어만 존재한다.

스토리텔링 말하기가 한국의 영어 말하기 교육을 살릴 수 있다고 확신한다. 발음과 어휘, 구문과 표현, 원어민 영어, 전화 영어, 시사 영어, 인터뷰 영어에서 실제로 영어 말하기를 준비하는 학생들의 학습에 영향력 있는 콘텐츠를 찾기는 어렵다. 말하기 능력, 말하기 의사소통에 대한 진지한 성찰이 여전히 부족하기 때문이다.

다른 문화와 접속하고 싶지 않은가? 세계가 우리를 부르고 있다. 세상과 소통할 수 있는 순발력을 당장 갖추지는 못했지만 우리에게 필요한 것은 소통의 지구력이다. 순발력은 타고 나야 한다고 하지만 지구력은 연습하면 기를 수 있다. 한국에서 한국인으로도 영어 말하기 학습을 시작하고, 결국에는 잘할 수 있다.

Interview

다음은 스토리텔링식 영어 말하기 공부법에 관한 수험자, 직장인, 학부모와의 인터뷰 내용을 요약한 것이다. 어디에서나 반복되는 질문과 답변을 정리하였다. 우선 영어 말하기 시험을 준비하는 스터디 그룹과 인터뷰한 내용을 요약했다. 이어서 영어 말하기 공부를 해야 하긴 하지만 스토리텔링 공부법이 익숙하지 않아 시작을 망설이는 직장인, 초·중등생 자녀를 둔 학부모와의 인터뷰 내용을 실었다.

수험자 A ≫ 저희는 OPIc 시험을 준비하는 스터디 그룹입니다. 온라인에서 만났고 오프라인 미팅을 통해 시험을 함께 준비하고 있습니다. 교수님을 직접 뵌 건 처음이지만 지면을 통해 자주 뵈서 그런지 친근하게 느껴집니다.

신동일 교수 ≫ 저도 OPIc 시험을 준비하는 스터디 그룹에 관심이 많습니다. 저는 OPIc 시험 콘텐츠를 개발한 ACTFL(전미 외국어 교육 협회) 기관의 한국 위원장입니다. 시험의 내용을 아주 잘 알 뿐만 아니라 시험 시행도 자문하고 있기 때문에 시험 준비를 통해 실질적으로 영어 말하기 실력이 어떻게 향상되는지 항상 관심을 가지고 있습니다.

수험자 B ≫ 저희는 함께 기출 문제를 검토하고, 표현을 암기하기도 하면서, 문제를 풀어보는 식으로 스터디를 진행합니다. 혼자 공부하는 것보다 덜 지루해서 좋은데 이렇게 준비하는 것이 맞는지 모르겠습니다.

신동일 교수 ≫ 세 가지 조언을 드릴게요. 첫째, 암기에 의존하지 마세요. 둘째, 가급적이면 즉흥적으로 말하는 연습을 많이 하세요. 셋째, 한 번 시작하면 꼭 끝까지 말하는 연습을 하세요. 아무리 기출 문제로 암기를 해도 즉흥적으로 길게 말해야 하는 상황이 꼭 생깁니다. 스토리텔링 클럽을 한 번 운영해보세요. 즉흥적으로 문장을 계속 연결해보는 연습, 이야기를 시작하면 내가 민망하게 느껴지더라도 끝까지 스토리를 마치는 연습을 반복하면 실전에서도 즉흥적으로 말할 수 있는 자신감이 생깁니다.

수험자 C ≫ 그래도 솔직히 암기를 하면 시험볼 때 도움이 되던데요.

신동일 교수 ≫ 글쎄요. 전 그렇게 생각하지 않습니다. 단기간 성과가 있을지 모르지만 한계가 있습니다. 어떤 표현이나 내용을 암기하려면 시간도 많이 걸리고 에너지도 크게 소모됩니다. 암기한 내용은 오래 기억되지 못하기 때문에 계속 암기에 집착하는 습관이 생깁니다. 결국 말하기 시험이나 발표 때 정서적으로 더 불안할 수 있습니다.

수험자 A ≫ 스토리텔링 영어 말하기 방식의 공부가 OPIc 시험을 준비할 때도 큰 도움이 될까요?

신동일 교수 ≫ 그럼요. OPIc는 스토리텔링 영어를 강조하고 있습니다. 기출 문제를 검토하셔서 아시겠지만 문항들이 모두 스토리텔링 기반입니다. 스토리텔링을 연습하면 분명 시험 결과가 달라질 것입니다. 참고로 토플은 학술적 자료 등을 읽거나 듣고 요약하거나 의견을 보태는 시험입니다. 토익에는 일반적인 사실 정보를 말하거나 의견을 말하는 문항이 대부분입니다. 토플이나 토익에서는 응답 시간이 제한적이기 때문에 시험을 준비하는 요령이 있다면 어느 정도 효과를 거둘 수도 있습니다 하지만 OPIc의 경우 응답 시간을 수험자가 알아서 정하기 때문에 길게 말할 수 있는 능력이 있어야 점수에도 큰 도움이 됩니다. 자신의 스토리를 길게 잘 말할 수 있는 학습자라면 OPIc 시험에서도 분명 선전할 것입니다.

수험자 B ≫ 스터디 그룹에서 시트콤 대사를 따라 말하는 shadowing 학습법을 사용하기도 하는데 이런 방법은 어떤가요?

신동일 교수 ≫ 시간이 있다면 그런 공부도 좋겠지요. 표현 학습이 꼭 필요 없다는 것은 아닙니다. 다만 shadowing 학습법에 너무 오래 집착하면 자신의 발음이나 표현 위주의 학습에 빠지기 쉽습니다. 말하기 학습의 목적은 자신이 말하고 싶은 것을 말하는 것입니다. 그렇게 하려면 시트콤 수준의 근사한 표현이 아닌 자신이 말하고 싶은 것을 길게 늘려 말하는 연습이 필요합니다. 스토리텔링 클럽에서 보내는 대부분의 시간은 스스로 말해보는 연습을 위한 시간이 되어야 합니다.

Interview

직장인 A ≫ 교수님 강의 중에 제일 공감된 것이 만년 중급에 관한 말씀이었습니다. 대학생, 신입 사원, 그리고 과장이 된 지금까지도 저의 영어 말하기 수준은 중급에 머물고 있습니다. 회화 학원을 다니고, 회화 책에 나오는 표현을 외우면서, 요즘은 틈나는 대로 전화 영어도 하고, 동영상 강의도 듣고 있지만 항상 답답합니다. 제가 왜 계속 중급 수준에 머물고 있는지 깨닫게 된 강의였습니다.

신동일 교수 ≫ 지금이라도 당장 공부법을 바꾸셔야 합니다. 회화 공부, 구문과 표현 위주의 공부로는 절대 상급으로 진입할 수 없습니다. 제가 상급 영어를 위해 필요한 연습을 뭐라고 했죠?

모두 ≫ 스토리텔링 연습!

직장인 B ≫ 교수님, 저도 중급이라면 중급자인데요. 사실 지금 영어로도 업무 수행에 별 어려움이 없거든요. 솔직히 중급만 해도 잘하는 영어 아닌가요?

신동일 교수 ≫ 예, 맞습니다. 제가 특강 때 말씀드렸잖아요. 어떤 언어든 중급 수준만 해도 대단한 실력입니다. 그런데 조금만 더 욕심을 내시면 지금보다 훨씬 더 잘할 수 있습니다. 중급 영어는 문장을 나열할 수 있기 때문에 스토리텔링 영어를 할 준비가 되어 있습니다. 스토리텔링이 익숙해지면 대화뿐만 아니라 발표, 토론, 협상 등에서도 자신감을 얻을 수 있습니다. 비즈니스에서 길게 내 이야기를 말할 수 있다는 것이 얼마나 중요한지 모릅니다.

직장인 B ≫ 그런데 전 앞으로 영어 말하기를 더 공부할 필요는 없을 것 같은데요.

신동일 교수 ≫ 스티브 잡스가 스탠포드대학 졸업식에서 전한 유명한 연설 아시죠? 그 연설문이 책으로도 출간되었습니다. 자신의 스토리를 진솔하게 전한 감동적인 연설이었죠. 그런데 당시 스티브 잡스는 원고를 그저 무표정하게 읽어갈 뿐 구연 동화가처럼 스토리텔링을 한 것은 아니었습니다. 스토리텔링 말하기가 필요 없을 것 같다고 말씀하시지만, 리더가 되려면 스토리텔링 말하기가 무엇인지 반드시 아셔야 합니다.

직장인 C ≫ 교수님 말씀에 동의합니다. 저는 지금도 영어로 PT도 하고, 바이어도 만날 수 있지만 너무 딱딱하게 말한다는 지적을 받기도 했습니다. 발표나 회의는 하겠는데 회사 밖에서 외국인과 만나는 자리는 불편하더라고요. 자신의 스토리를 소재로 말하는 연습, 해보고 싶습니다.

신동일 교수 ≫ 예. 평생 대리나 과장으로, 지금의 그 직장이나 한국에만 머물 것이 아니라면 분명 기본 회화 수준의 영어에서 벗어나야 합니다. 저는 스토리텔링 영어를 리더십 영어라고 부릅니다. 리더는 스토리를 전하는 사람입니다. 리더는 스토리를 듣고 영감을 얻는 사람입니다. 스토리텔링은 리더가 되려는 사람도 반드시 해야 합니다.

직장인 A ≫ 교수님도 스토리텔링을 통해 영어 말하기를 배우신 거죠?

신동일 교수 ≫ 예. 저뿐만 아니라 영어를 즐겁게 공부하는 사람, 영어를 잘하는 사람들 모두 스토리 기반의 영어 공부를 했습니다. 스토리텔링 없이는 영어 공부가 지루해지기 때문입니다. 저는 지금도 학생들과 스토리텔링 클럽을 운영하고 있습니다. 누가 시킨 것이 아니라 그냥 재미있으니까요. 스토리로 길게 말하는 영어는 디지털 사회, 감성 리더십의 시대에서 누구나 배워야 하는 언어입니다.

Interview

신동일 교수 》 반갑습니다. 저도 아빠이고 남편입니다. 초등학생 아들도 있고 중학생 딸도 있습니다. 첫째는 학원에 다니면서 영어 공부를 했고, 둘째는 학원에 다니지 않고 스토리를 읽고 들으며 수년째 집에서 하고 있습니다. 학원 공부의 장점과 집에서 공부하는 엄마표 영어의 장점을 모두 잘 알고 있지요. 항상 아내 또는 이웃과 영어 공부에 관한 이야기를 나누기 때문에 이런 자리가 익숙하고 무엇을 궁금해 하시는지도 잘 압니다.

학부모 A 》 궁금한 것이 많지만 일단 스토리텔링 공부법에 대해서 여쭤보고 싶습니다. 스토리텔링 시대가 정말 오긴 오는지 모르겠습니다. 교수님이 그렇게 말씀하시지만 아직 스토리를 기반으로 영어 공부를 해야 한다는 확신이 들지 않아요.

신동일 교수 》 이미 우리는 스토리텔링 시대에 살고 있습니다. 인터넷 블로그나 싸이월드에 가보세요. 또는 TV 쇼를 보세요. 많은 사람들이 이미 자신의 스토리를 공유하며 각자의 스토리에 열광하고 있습니다. 타인과의 소통을 위해 호통치며 지시하는 시대는 지났습니다. 사장님, 아버지, 선생님, 누구든 재미있고, 진실되면서, 메시지를 전할 수 있는 스토리텔링 기술을 자연스럽게 배우려고 합니다.

학부모 B 》 우리 아이는 스토리 북 읽기를 정말 좋아하거든요. 영어 공부도 좋아하고요. 그렇지만 영어 말하기가 영 시원치 않아요. 집에서 저랑 공부하기에는 서로 어색하고, 영어 학원을 보내면 쑥스러운지 말을 시원스럽게 제대로 못해서 답답할 때가 많아요.

신동일 교수 ≫ 스토리 북 읽기를 좋아한다면 스토리를 말하기와 연결시키세요. 친밀감을 느낄 수 있는 곳에서 말하기를 시켜야 하는데 그런 곳 찾기가 쉽지 않으실 거예요. 아이들은 의외로 낯선 장소에 불편함을 느낍니다. 틀리게 말해도 되므로 자신이 주인공이 될 수 있고, 길게 말해볼 수 있는 교실 밖에서 먼저 말하기 연습을 하도록 하세요.

학부모 B ≫ 교실 밖이요?

신동일 교수 ≫ 강의 때 말씀드렸었죠. 스토리텔링 클럽! 소 그룹을 만들고 스토리텔링을 잘 알고 코칭할 수 있는 친척 언니나 오빠를 찾아보세요. 이웃집 어른끼리 협력할 수 있습니다. 부모가 자원할 수도 있습니다.

학부모 A ≫ 그런데 원어민에게 배우지 않으면 한국식 틀린 영어를 배우지 아닐까요?

신동일 교수 ≫ 말은 물처럼 흘러보내야 합니다. 흘러가지도 않는데 원어민 영어, 발음, 문법 이야기만 할 수는 없죠. 먼저 말하는 재미, 스토리로 의미를 함께 전해보는 친밀감을 느껴야 합니다. 부모가 판단하기에 틀린 것 같은 세세한 표현은 나중에 얼마든지 고칠 수 있습니다. 말하는 것이 재미있으면 다른 영어 공부에도 자신감과 흥미를 느끼게 됩니다. 말이 재미없으면 어떤 연습을 해도 아슬아슬합니다.

학부모 C ≫ 주위에서 학원에 보내는 분위기라 스토리를 읽고 말로 옮기는 공부를 시키려면 큰 결심이 필요한 것 같아요.

신동일 교수 ≫ 예. 저도 둘째를 학원에 보내지 않을 때 아내와 정말 신중하게 결정했습니다. 그렇지 않은 아이들도 있겠지만 저의 둘째는 학원에서 연필을 들고 심각한 얼굴로 공부하는 것을 낯설어 했습니다. 연필을 들면 입을 다물더라고요. 말을 많이 해보고 싶어하는 아이라서 그냥 집에서 읽고 말하는 연습 위주로 했습니다. 2년도 되지 않아 Harry Potter를 원서로 읽는 것을 보고 저도 놀랐습니다. 부모가 아이들의 성향을 가장 잘 압니다. 지혜롭게 판단하시고 용기를 내십시오.

Stories

스토리텔링에 관한 경험자 이야기

목요일에 했던 Activity는 아주 흥미로웠다. 물론 난 누가 진실을 말하고 있는 것인지 하나도 못 맞췄지만 말이다. 같은 이야기를 여러 명이 앞에 나가서 전했고 그것이 결국 누구의 이야기인지 맞추는 활동이었다. 실제 이야기의 주인공은 더욱더 세부적이고 이치에 맞는 묘사를 할 수 있기 때문에 다른 여러 이야기 속의 정보에 흥미를 느꼈고, 이야기에도 몰입할 수 있었다. 하지만 난 너무 생각을 많이 했나 보다. 가장 많은 묘사를 한 사람이 거짓말을 하고 있다고 생각했기 때문이다.(무언가 지어내고 있다는 생각을 해서…)

이고은

항상 시작부터 기대 반, 걱정 반으로 묘한 긴장감을 가지고 공부를 한 것 같다. 하지만 결과가 어떻든 이렇게 구체적인 상황을 설정해놓고 그 상황 속에 들어가서 내가 주인공이 되어 이야기를 자꾸 만들면서 참여하니 스토리텔링의 전략에 대해 더 적극적으로 생각해보게 되고 그러한 전략들을 효과적으로 선택하기 위해 정말 많은 고민을 하게 되었다. 뭐랄까, 스토리텔링을 이렇게 실제로 연습해보는 시간에는 항상 긴장감, 기대, 생동감 같은 감정들이 느껴지는 것 같다. 마치 교수님께서 울타리 안에 있는 우리들을 풀어 거친 야생의 세계 - 스토리텔링의 세계로 몰아넣는 느낌이다. 이러한 연습은 막연하게 영어 말하기를 배우는 것보다 훨씬 빠른 시간에 큰 도움이 되는 것 같다. 이 경험이 앞으로의 내 영어 말하기 공부에 소중한 자산이 될 것이다.

김수호

대화체로 인용하니 반응이 좋았다

수업 시간에 녹음한 내용을 다시 들어보았다. 전사도 하고 분석을 해보았다. 언제 사람들이 흥미를 보이는지 웃음소리로 확인하고, 언제 반응이 좋았는지를 생각해보았다. 인물에 대한 세부적인 묘사를 할 때(그 묘사를 통해서 캐릭터의 특징을 알 수 있기 때문)와 대화체로 말할 때 반응이 좋았던 것 같다. 특히 대화체를 말할 때는 직접 캐릭터가 말하는 것처럼 말투를 흉내냈기 때문에(낙천적인 캐릭터이기 때문에, 그녀의 말은 "So what?", "That doesn't matter to me.", "It's fun ~."과 같은 말투를 자주 사용한 것 같다) 청중이 흥미를 보인 것 같다.

전대호

함께 만드는 시너지 효과

지난 시간 우린 즉흥적으로 이야기를 만들어가는 연습을 해보았다. 가장 기억에 남은 점은 이야기를 혼자 만드는 것이 아니라, '함께 만들었다'는 점이다. 앞에 있는 사람들의 이야기를 근거로 내 이야기를 펼쳐 나가야 했기 때문에, 나는 다른 사람들의 이야기를 좀 더 경청하게 되었고, 내 다음에 이야기를 할 사람을 고려해서 보다 창의적으로 이야기를 할 수 있도록 노력했다.

이혜진

아버지도 받고 있는 스토리텔링 교육

어느 날 스토리텔링에 대한 과제물을 클럽에 올리고 있는데, 아버지께서 보시면서 자신도 스토리텔링 교육을 회사에서 받고 있다고 말씀하셨다. 난 '왜 스토리텔링 교육을 받으시는지' 궁금해서 여쭈어 보았다. 아버지 말씀에 따르면 와인이나 커피 종류 하나에도 그것의 원산지, 생산연도 등과 관련한 스토리가 담겨 있고, 그것이 곧 마케팅 전략이 된다고 하셨다. 생각해보니 맞는 말이었다. 우리가 어떤 음식을 먹게 될 때에도 그것과 관련한 스토리가 곁들여진다면, 그 음식은 우리에게 더욱 의미있는 것이 될 수 있다. 즉, 그것은 단지 '맛있는 음식'일 뿐 아니라 '그 흥미로운 스토리가 담긴 음식'이 되면서 우리가 그것을 음미할 수 있는 것이다. 우리에게 스토리텔링이란 단지 스토리를 말하고 듣는 것 이상으로 그 안에 담겨진 의미를 되새겨 보는 멋진 활동이다.

이수지

Now,
Storytelling